JOSÉ MARÍA CAÑIZARES MÁRQUEZ
CARMEN CARBONERO CELIS

UNIDADES DIDÁCTICAS INTEGRADAS (UDI) PARA PRIMARIA

MANUAL PARA SU ELABORACIÓN

©Copyright: José María Cañizares Márquez y Carmen Carbonero Celis

©Copyright: De la presente Edición, Año 2019 WANCEULEN EDITORIAL

Título: UNIDADES DIDÁCTICAS INTEGRADAS (UDI) PARA PRIMARIA. MANUAL PARA SU ELABORACIÓN

Autores: JOSÉ MARÍA CAÑIZARES MÁRQUEZ y CARMEN CARBONERO CELIS

Editorial: WANCEULEN EDITORIAL
Sello Editorial: WANCEULEN EDUCACIÓN

ISBN (Papel): 978-84-17964-72-6
ISBN (Ebook): 978-84-17964-73-3

DEPÓSITO LEGAL: SE 1536-2019

Impreso en España. 2019

WANCEULEN S.L.
C/ Cristo del Desamparo y Abandono, 56 - 41006 Sevilla
Dirección web: www.wanceuleneditorial.com y www.wanceulen.com
Email: info@wanceuleneditorial.com

Reservados todos los derechos. Queda prohibido reproducir, almacenar en sistemas de recuperación de la información y transmitir parte alguna de esta publicación, cualquiera que sea el medio empleado (electrónico, mecánico, fotocopia, impresión, grabación, etc), sin el permiso de los titulares de los derechos de propiedad intelectual. Cualquier forma de reproducción, distribución, comunicación pública o transformación de esta obra solo puede ser realizada con la autorización de sus titulares, salvo excepción prevista por la ley. Diríjase a CEDRO (Centro Español de Derechos Reprográficos, www.cedro.org) si necesita fotocopiar o escanear algún fragmento de esta obra.

AUTORES

José Mª Cañizares Márquez

- Catedrático de Educación Física
- Tutor del Módulo del Practicum del Master de Secundaria
- Especialista en preparación de opositores
- Autor de numerosas obras sobre Educación y Preparación Física

Carmen Carbonero Celis

- D. E. A. en Instituciones Educativas
- Licenciada en Pedagogía
- Didacta del Módulo de Pedagogía General (CAP)
- Maestra de Primaria en centros de Ed. Compensatoria
- Especialista de Pedagogía Terapéutica en centros de Ed. Primaria e IES
- Autora de numerosas obras sobre educación, tanto en Ed. Primaria como en Secundaria.
- Publicaciones en Jornadas y Congresos Universidad de Sevilla

ÍNDICE

INTRODUCCIÓN 11
1.- FUNDAMENTOS TEÓRICOS DE LAS UNIDADES DIDÁCTICAS INTEGRADAS (UDI) 15
2.- DISEÑO DE LAS UNIDADES DIDÁCTICAS INTEGRADAS 17
3.- FASES EN LA ELABORACIÓN DE LAS UDI 19
4.- ÍNDICE DE LA ESTRUCTURA EN LA PROPUESTA DE MODELO DE UDI 21
    4.1. EL MODELO DE UDI, PASO A PASO 23
        A) PRESENTACIÓN/IDENTIFICACIÓN 23
        B) CONCRECIÓN CURRICULAR 26
        C) TRANSPOSICIÓN DIDÁCTICA 48
        D) VALORACIÓN DE LO APRENDIDO 91
        E) COLABORACIÓN CON LAS FAMILIAS 103
5.- RESUMEN DE LOS CONCEPTOS DE CADA ELEMENTO QUE COMPONE LA UDI 107
6.- EJEMPLO DE UDI MODELO 111
CONCLUSIONES 121
BIBLIOGRAFÍA 123
WEBGRAFÍA 128
ANEXOS 129
ANEXO A. ENLACES A WEBS SOBRE LOS TEXTOS LEGISLATIVOS CITADOS EN EL LIBRO 129
ANEXO B. CARACTERÍSTICAS PSICOBIOLÓGICAS DEL ALUMNADO DE PRIMARIA 130

ÍNDICE DE GRÁFICOS

GRÁFICO 1: Niveles de Concreción Curricular 26
GRÁFICO 2. Pirámide truncada de concreción de Objetivos 32
GRÁFICO 3. Tarea, actividad y ejercicio 49
GRÁFICO 4. Diferencias entre tarea y P.S.R 51
GRÁFICO 5. La concreción del criterio en estándar e indicador de logro 92

ÍNDICE DE TABLAS

TABLA 1. Localización del currículo de las Áreas en las páginas del BOJA nº 60, de 27/03/2015. 31
TABLA 2. Objetivos de Etapa y su relación con las áreas y asignaturas 32
TABLA 3. Localización de contenidos en el R.D. 126/2014. BOE nº 52, de 01/03/2014 42
TABLA 4. Páginas donde localizar el resumen de contenidos por área, bloque y ciclo en la O. del 17/03/2015, BOJA nº 60, de 27/03/2015 43
TABLA 5. Alumnado con necesidades específicas de apoyo educativo 73
TABLA 6. Tipos de pensamiento, expresión cultural relacionada y ejemplos de aplicaciones 78
TABLA 7. Ejemplo de concreción desde el criterio hasta la rúbrica, sobre el aprendizaje de intercambios comunicativos. 92
TABLA 8. Ejemplo de rúbrica sobre el uso de estrategias de expresión 94
TABLA 9. Relación entre Competencia→ Logro → Indicador de logro → Rúbrica 95
TABLA10. Ejemplo genérico de rúbrica 96
TABLA 11. Ejemplo concreto de rúbrica sobre la actitud que un alumno muestra en el aula 97
TABLA 12. Componentes de una rúbrica para evaluar el uso de las TIC en Ciencias de la Naturaleza, dentro UDI sobre las posibilidades que nos ofrece el entorno natural cercano 97

TABLA 13. Componentes de una rúbrica a usar como instrumento de evaluación ante un juego dramático 98

TABLA 14. Modelo de cuestionario de evaluación al profesor por el alumnado 99

TABLA 15. Preguntas que podemos hacernos los docentes para autoevaluarnos 102

TABLA 16. Resumen de los apartados que componen la UDI 107

INTRODUCCIÓN

El modelo de Unidad Didáctica Integrada (en adelante UDI), donde todos los elementos curriculares giran alrededor del criterio de evaluación elegido, ha sustituido a la tradicional "Unidad Didáctica" donde lo importante era la consecución los objetivos didácticos. El aprendizaje competencial, sobre todo a partir de la publicación de la LOMCE/2013, trajo consigo un modelo didáctico plenamente integrado, si bien los continuos **cambios políticos** crean incertidumbre en toda la Comunidad Educativa por las repercusiones que pueden tener en la concreción curricular.

Para la **realización** de esta **Guía** nos hemos **basado** fundamentalmente en la siguiente bibliografía, legislación, webgrafía y experiencias propias:

1. La **legislación** básica a nivel estatal y de Andalucía, aunque adaptable al resto de las comunidades autónomas. Todo ella emana de la modificación que, de la LOE/2006, hace la LOMCE/2013.

2. Lo expresado por los **documentos** del "Proyecto de Integración de las Competencias Básicas en Andalucía" (**PICBA** – CEJA, 2011) y "Proyecto Competencias Básicas" (**COMBAS**) del Centro Nacional de Innovación e Investigación Educativa (**CNIIE** – MEC, 2011). Igualmente, algunos de los trabajos de los docentes asistentes a los mismos y que están en la web de la Consejería de Educación de la Junta de Andalucía. Por ejemplo:

- http://www.juntadeandalucia.es/averroes/centros-tic/29011588a/helvia/sitio/upload/3

- https://intef.es

- http://cursoabpcepmotril.wikispaces.com/file/view/UDIPROYECTOMBELEN

3. La *"Guía sobre buenas prácticas docentes para el desarrollo en el aula de las competencias básicas del alumnado"*, editado por la CEJA en 2012.

4. Las normas que la CEJA indica en su documento publicado dentro de la Plataforma Averroes, centros TIC: http://www.juntadeandalucia.es/averroes/centros-tic/29003397/helvia/sitio/upload/CRITERIOSGENERALESPARALAELABORACIONDELASPROGRAMACIONESDIDACTICAS1.pdf

5. Los **criterios de evaluación** de los **tribunales** en las oposiciones al Cuerpo de Maestros en Andalucía de **2015, 2017 y 2019**, que especifican si el opositor ha tratado o no los **elementos** que estructuran las UDI, aportados por la propia Consejería.

6. Las **experiencias** de los **autores** y que vienen recogidas en dos volúmenes muy recientes de esta misma Editorial:

    a. CAÑIZARES, J. Mª y CARBONERO, C. (2018 -1-). *Unidades Didácticas Integradas en Educación Física (UDI). Guía para su realización.* Wanceulen. Sevilla.

    b. CAÑIZARES, J. Mª y CARBONERO, C. (2018 -2-). *Cómo exponer las Unidades Didácticas Integradas (UDI) en Educación Física.* Wanceulen. Sevilla.

El libro presenta los pasos a seguir para ir realizando la UDI. Pretende ser una herramienta eminentemente práctica y secuencial que ponemos al servicio de cualquier profesional de la enseñanza primaria en general que, en su trabajo diario, necesite realizar Unidades Didácticas Integradas (UDI).

Intenta ser un documento **clarificador** con aportación de distintas estrategias que permitan establecer secuencialmente el proceso con un enfoque personalizado, por lo que va a constituir un trabajo original y propio con las ventajas que conlleva.

Además, desglosa de una forma precisa todos los elementos curriculares presentando coherencia y relación interna.

El número de UDI a realizar en un curso académico está en función del nivel donde nos encontremos, de la carga lectiva del área o asignatura y de la articulación que le demos a los objetivos del curso (Programación Didáctica). Así, tenemos que entender las UDI como la **concreción** de ésta a través de un determinado número de "capítulos" o unidades, pero muy relacionados entre sí.

Hemos incluido en el punto 5, por entender que resulta muy didáctico, una tabla-resumen para realizar las UDI directamente, pensando en los lectores que necesiten acudir a ella.

Esto, unido a un ejemplo-tipo de UDI desarrollada, pensamos, es un complemento de gran utilidad.

1.- FUNDAMENTOS TEÓRICOS DE LAS UNIDADES DIDÁCTICAS INTEGRADAS (UDI)

Las Unidades Didácticas Integradas (UDI) son un cuerpo secuenciado y organizado con una serie de elementos, una propuesta de trabajo conforme a un proceso de enseñanza/aprendizaje completo y por competencias (Moya y Luengo, 2011). Es un vehículo de planificación del cometido escolar diario que facilita la intervención de la maestra o del maestro, habida cuenta le permite organizar su práctica docente para sistematizar los procesos de enseñanza/aprendizaje de calidad, y con la ayuda pedagógica precisa al grupo y a cada componente del mismo relacionando todos los elementos curriculares y áreas implicadas (Cañizares y Carbonero, 2018 -1-).

Concretamente, el CNIIE (MECD, 2014), nos indica que *"es un instrumento de planificación que define las condiciones que permitirán generar las experiencias educativas para el aprendizaje de las competencias clave. Llamada integrada por conectar todos los elementos curriculares"*. Deza y Pérez (2017), la definen como *"una herramienta de planificación de gran valor puesto que permite, de una forma sencilla y sistemática, articular los diversos niveles de integración existentes en el proceso de adquisición y puesta en práctica de las competencias clave, por medio del equilibrio existente entre sus ámbitos fundamentales: la concreción curricular, la transposición didáctica y la valoración de lo aprendido"*.

Las UDI pretenden ser una respuesta eficaz a la necesidad de construir un currículo integrado para facilitar el aprendizaje competencial.

Partiendo de las fuentes que ya hemos citado en la Introducción, ensamblamos eficazmente los niveles de integración que favorecen el aprendizaje competencial y, además, logramos alcanzar un equilibrio entre sus **cinco elementos constitutivos** a dominar:

a) Presentación/Identificación.
b) Concreción curricular.
c) Transposición didáctica.
d) Valoración de lo aprendido.
e) Colaboración con las familias.

Por lo tanto, durante un tiempo previamente calculado realizamos un conjunto de acciones para alcanzar unas **competencias** y lograr unos **objetivos**. A través de la UDI desarrollamos: competencias clave, objetivos, contenidos, tareas, actividades y ejercicios, metodología -que incluye a la organización, los recursos y los espacios-, atención a la diversidad, evaluación, etc.

Debe ser una estructura con **total flexibilidad** entre sus componentes. Esto lo podemos conseguir si diseñamos desde un principio un "**eje articulador**" de la Unidad, que presentamos al alumnado como "tarea a conseguir", al inicio de la UDI y que, una vez concluida, da lugar a un "**producto social relevante**", según definición del CNIIE (2014). Por ejemplo, la grabación de un evento basado en los aprendizajes hechos para incluirlo en la web del centro; colocación de las maquetas realizadas durante las sesiones de la UDI en la entrada del CEIP o de paneles, carteles e infografías en los pasillos, etc.

2.- DISEÑO DE LAS UNIDADES DIDÁCTICAS INTEGRADAS

La realización de las UDI es una parte de la propia Programación Didáctica por lo que va íntimamente **ligada** a ésta y, por ende, al Proyecto Educativo del Centro donde nos situemos. A la hora de diseñarlas, generalmente estaremos condicionados por una serie de factores que ya habremos considerado en la Programación Didáctica. Por ejemplo, el contexto; el alumnado al que se destina, su nivel y si hay algunos con dificultades de cualquier tipo; los recursos disponibles y su número; metodología, etc.

La UDI se **articula** alrededor de una serie de **elementos** curriculares, que iremos desglosando a partir de ahora, y que dan respuesta a:

a) Qué, cómo y cuándo **enseñar**.

b) Qué, cómo y cuándo **evaluar** cada uno de los mismos.

Así pues, vamos a explicar **cómo diseñarlas** a partir de una serie de componentes o elementos que la configuran y que buscan, fundamentalmente, la operatividad en cuanto a:

- Idoneidad pedagógica.
- Revisión de su disposición, su coherencia interna.

Tenerlas perfectamente desarrolladas significa la **simplificación** del trabajo durante los diez meses del curso escolar sin perder, obviamente, su carácter flexible y adaptable a situaciones imprevistas.

Por otro lado, debemos considerar el aspecto de la **interrelación** entre sus componentes, es decir, la concordancia evidente y directa de las competencias con los objetivos, con los contenidos y las tareas/actividades/ejercicios, la idoneidad de los criterios de evaluación, etc.

También debemos observar que la UDI no es un elemento suelto; acompaña a otras anteriores y posteriores que conforman los contenidos de la programación didáctica del curso.

En cualquier caso, el art. 7. 4 de la O. 17/03/2015, entre otros elementos legislativos, indica que *"las programaciones didácticas de todas las áreas incluirán actividades y tareas en las que el alumnado **leerá, escribirá y se expresará de forma oral**, así como **hará uso de las Tecnologías de la Información y la Comunicación**"*. Ello, lógicamente, se hace extensible a todas las UDI de la Programación Didáctica.

3.- FASES EN LA ELABORACIÓN DE LAS UDI

Distinguimos **dos** fases:

a) **Condiciones previas**:

- **Contexto** donde la vamos a aplicar: tipo de alumnado y su competencia curricular previa (cursos y/o UDI anteriores), características psicoevolutivas, recursos disponibles, así como alumnado con necesidades específicas de apoyo educativo. Debe ya venir **marcado** desde la **Programación Didáctica** del curso concreto, para delimitar la UDI de la forma más realista, y adecuada posible.

- **Aspectos didácticos**. Su vinculación con el Proyecto Educativo del Plan de Centro. Estará ya recogido en la Programación Didáctica.

b) **El propio diseño de las Unidades Didácticas Integradas**.

- Precisar todos los **detalles ordenadamente**: datos de identificación de la UDI, introducción, áreas a tratar además de la propia, criterios de evaluación y estándares de aprendizaje evaluables, indicadores, competencias clave, objetivos, contenidos, metodologías **transductiva** (saber aplicar los conocimientos a situaciones nuevas); **inductiva** (de rasgos concretos a otros más generales) y/o **deductiva** (de rasgos generales a concretos), tarea, actividades y ejercicios, adaptaciones, evaluación del aprendizaje y herramientas a usar, etc.

- Pero puede ocurrir que todo ello gire alrededor de algún **eje temático** o centro de interés, o si forma parte de un **proyecto integrado**, etc. En este sentido, tendremos muy **en cuenta** lo que nos indica al respecto la O. ECD/65/2015, de 21 de enero, en su Anexo II.

- Prestar máxima atención a los condicionantes, sobre todo en cuanto al **contexto,** ámbito y escenario donde se desarrolle cada actividad.

4.- ÍNDICE DE LA ESTRUCTURA EN LA PROPUESTA DE MODELO DE UDI

Enumeramos ahora el **índice** de los **cinco apartados** que llevan las UDI que ya citamos en el punto 1 de páginas anteriores, así como sus **sub-apartados**. **Posteriormente** desarrollamos cada uno detalladamente.

A) PRESENTACIÓN/IDENTIFICACIÓN

1. Numeración y otros datos identificativos.

2. Título de la UDI.

3. Introducción-Justificación.

B) CONCRECIÓN CURRICULAR

1. Criterios de evaluación del área al que pertenece la UDI, así como los criterios de las demás áreas que estén implicados durante el desarrollo de la UDI.

2. Objetivos de Etapa y área para la Etapa que nos proponemos trabajar en la UDI.

3. Objetivos de otras áreas que están implicados durante el desarrollo de la UDI. Por ejemplo, en CC. de la Naturaleza, debemos señalar aquellos objetivos de las demás áreas que se imparten en la especialidad de Primaria y que están relacionados también con la UDI.

4. Objetivos propios de Andalucía, si procede, relacionados con la UDI.

5. Objetivos didácticos. Su relación con los indicadores y las CC. Clave.

6. Contenidos. Incluye referencias a los propios de Andalucía, si procede.

7. Elementos transversales y Educación en Valores.

8. Competencias Clave que desarrollamos con la UDI.

C) TRANSPOSICIÓN DIDÁCTICA.

1. Tarea/s. Su desarrollo lo vamos a llevar a cabo durante las distintas sesiones.
2. Actividades.
3. Ejercicios.
4. Atención a la diversidad.
5. Actividad/es final/es. Tarea integrada terminada o producto social relevante (P.S.R.).
6. Temporalización.
7. Procesos cognitivos implicados o tipos de pensamientos que desarrollamos con las actividades.
8. Metodología.
9. Agrupamientos.
10. Contextos o ámbitos y escenarios.
11. Recursos.

D) VALORACIÓN DE LO APRENDIDO.

1. Estándares de aprendizaje evaluables relacionados con los criterios de evaluación y objetivos.

2. Indicadores de logro.

3. Rúbricas o Matrices de evaluación para valorar el aprendizaje.

4. Criterios de calificación.

5. Evaluación de la práctica docente (la acción didáctica).

6. Evaluación de la UDI.

7. Coevaluación.

E) COLABORACIÓN CON LAS FAMILIAS.

1. Procesos de implicación de las familias en el desarrollo de la UDI.

FUENTES DOCUMENTALES UTILIZADAS. Señalar los textos bibliográficos, legislativos y enlaces web usados para su elaboración.

4.1. EL MODELO DE UDI, PASO A PASO.

A) PRESENTACIÓN/IDENTIFICACIÓN → ¿Qué pretendemos hacer?

Se trata de consignar las **referencias** más **genéricas** en cuanto a su número de orden, curso, ubicación temporal y razonar la inclusión de la UDI. Es decir, **realizar y definir** la UDI indicando desde un principio su temática, si bien muchas veces viene dada por la tarea/producto a realizar.

1. Numeración y otros datos identificativos.

Es imprescindible para mantener un orden. Debe coincidir con lo expresado en la temporalización de la Programación Didáctica. En realidad, refleja el lugar que ocupa la UDI dentro de la programación del curso y la conexión que establece con los aprendizajes anteriores y posteriores.

Otros datos que deben aparecer en el diseño de la ficha de la UDI son el **ciclo/curso/grupo** donde la aplicamos, la **temporalización**, bien el trimestre, bien la quincena, o ambos.

Área/asignatura a la que va destinada y las otras que están también implicadas, así como el **número** de **sesiones** que comprende y que suele ser variable, normalmente entre 8 y 15.

2. Título de la UDI.

Es muy variado. Puede ser indicativo y dinámico, como "jugamos a construir frases" o "un paseo por la tierra"; atractivo, por ejemplo, "nos vamos al campo"; insustancial como "el aro es redondo"; creativo e indagatorio: "¿cómo hablamos con la boca cerrada? En todo caso, aconsejamos sea un título directo, corto y, por supuesto, fácilmente comprensible.

3. Introducción-Justificación, con referencia al contexto donde la apliquemos y áreas enlazadas. Su relación con los objetivos para el curso recogidos en la P. Didáctica.

Hay que tener en cuenta varios aspectos: capacidad y diversidad del alumnado, competencia curricular previa, los objetivos a conseguir, etc. No olvidar que se trata de un **proceso** de enseñanza-aprendizaje **enlazado** y completo.

En cualquier caso, las referencias al contexto serán mínimas porque ya las tendremos recogidas en la programación del curso.

Al estar inmersos en un aprendizaje **constructivista**, debemos mencionar detalles sobre los aprendizajes previos desde donde partimos para el diseño de la UDI y, a su vez, ésta para qué conocimiento futuro nos servirá. Es decir: ¿de dónde venimos?; ¿a dónde queremos llegar?

La línea a seguir a la hora de argumentarla es relacionarla con los **objetivos** de **Etapa**, área/asignatura o con los propios objetivos para el curso que hemos concretado en la Programación Didáctica. No se trata de describirlos, simplemente marcarlos, por ejemplo "relacionada con los Objetivos de Etapa j; m, con los de área/asignatura 2 y 6, así como con los números 4 y 6 para el curso".

De igual manera podemos proceder con respecto a las **Competencias Clave** que tratamos a lo largo de la UDI, acreditándolo con algún ejemplo, pero de forma muy escueta.

También, podemos mencionar alguna rutina para conectarla con las **demás Unidades**. Por ejemplo, "está relacionada con las Unidades anteriores y posteriores de igual temática…" o "forma parte de un Proyecto Integrado a nivel de centro, ciclo o aula"

Otra línea a considerar en este apartado, con una mínima referencia, es la del valor y **relevancia del producto final** en el contexto para la que la hemos programado, especificando la participación del alumnado en la práctica social principal que implica su desarrollo.

Para ello podemos ayudarnos de los comentarios que hace en sus primeros párrafos el Punto 4, "Desarrollo Curricular (D.C.)", apartado "orientaciones y ejemplificaciones", de la O. 17/03/2015 (ver las páginas de la Orden donde aparece cada área en la TABLA 1).

Otra opción a considerar en el apartado de la Introducción es justificar **por qué** la tratamos y ahora, en este momento del curso.

En cualquier caso, el comentario que hagamos debe ser muy **sucinto**. Primero, porque después tocaremos todos los aspectos citados: competencias, objetivos, etc. Segundo, porque se trata de **introducir**, no de desarrollar o exponer.

B) CONCRECIÓN CURRICULAR → Los detalles de los elementos curriculares a tratar.

La concreción curricular debemos entenderla como **fruto de nuestra reflexión** y toma de **decisiones** autónomas y responsables sobre la **especificación** del currículo a la realidad concreta del grupo al que va destinada la UDI. Es un instrumento que contiene una serie de **propuestas curriculares**, como criterios de evaluación, indicadores, objetivos, etc. que dan cohesión, relación y continuidad al proceso educativo.

No olvidemos que las UDI pertenecen al **Tercer** Nivel de Concreción Curricular. En caso necesario, optaremos por un **Cuarto** nivel relativo a posibles adaptaciones curriculares. El **Primer** Nivel es el establecido por el MEC y CEJA, y el **Segundo** el adaptado por el Centro en función de sus **características contextuales** y peculiaridades. Así pues, previamente, el centro habrá elaborado su secuenciación curricular (perfiles de áreas y perfiles de competencias, por niveles), que constará en la programación didáctica del equipo de ciclo.

GRÁFICO 1. Niveles de Concreción Curricular.

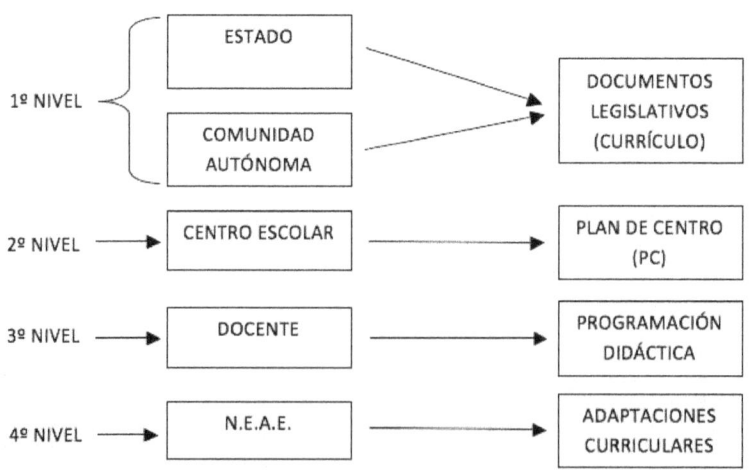

Los principales **documentos legislativos** (Currículo) que debemos señalar, son:

1º NIVEL, ámbito estatal:

- M.E.C. (2013). *Ley Orgánica 8/2013, de 9 de diciembre, para la mejora de la calidad educativa.* B. O. E. nº 295, de 10/12/2013.

- M. E. C. (2006). *Ley Orgánica de Educación (L. O. E.) 2/2006, de 3 de mayo, de Educación.* B. O. E. nº 106, de 04/05/2006. Modificada en varios artículos por la LOMCE/2013.

- M.E.C. (2015) O. ECD/65/2015, *Orden de 21 de enero, por la que se describen las relaciones entre las competencias, los contenidos y los criterios de evaluación de la educación primaria, la educación secundaria obligatoria y el bachillerato.* B.O.E. nº 25, de 29/01/2015.

- M. E. C. (2014). *Real Decreto 126/2014, de 28 de febrero, por el que se establece el currículo básico de la Educación Primaria.* B. O. E. nº 52, de 01/03/2014.

- M. E. C. (2010). *Real Decreto 132/2010, de 12 de febrero, por el que se establecen los requisitos mínimos de los centros que impartan las enseñanzas del segundo ciclo de la educación infantil, la educación primaria y la educación secundaria.* B.O.E. nº 62, de 12/03/2010.

2º NIVEL, ámbito autonómico (Andalucía):

- JUNTA DE ANDALUCÍA (2007). *Ley 17/2007, de 10 de diciembre, de Educación de Andalucía (L. E. A.).* B. O. J. A. nº 252, de 26/12/07.

- JUNTA DE ANDALUCÍA (2015). *Decreto 97/2015, de 3 de marzo, por el que se establece la ordenación y el currículo de la educación Primaria en la comunidad Autónoma de Andalucía.* BOJA nº 50 de 13/03/2015.

- JUNTA DE ANDALUCÍA (2015). *Orden de 17 de marzo de 2015, por la que se desarrolla el currículo correspondiente a la educación Primaria en Andalucía*. BOJA nº 60 de 27/03/2015.

- JUNTA DE ANDALUCÍA (2015). *Orden de 04 de noviembre de 2015, por la que se establece la ordenación de la evaluación del proceso de aprendizaje del alumnado de educación primaria en la Comunidad Autónoma de Andalucía*. B.O.J.A. nº 230, de 26/11/2015.

- JUNTA DE ANDALUCÍA (2010). *Decreto 328/2010, de 13 de julio, por el que se aprueba el Reglamento Orgánico de las escuelas infantiles de segundo ciclo, de los colegios de educación primaria, de los colegios de educación infantil y primaria, y de los centros públicos específicos de educación especial*. BOJA nº 139, de 16/07/2010.

- JUNTA DE ANDALUCÍA (2010). *Orden de 20 de agosto de 2010, por la que se regula la organización y el funcionamiento de las escuelas infantiles de segundo ciclo, de los colegios de educación primaria, de los colegios de educación infantil y primaria, y de los centros públicos específicos de educación especial, así como el horario de los centros, del alumnado y del profesorado*. BOJA nº 169, de 30/08/2010.

- JUNTA DE ANDALUCÍA (2008). *Orden de 25/07/2008, por la que se regula la atención a la diversidad del alumnado que cursa la educación básica en los centros docentes públicos de Andalucía*. BOJA nº 167, de 22/08/2008. Texto consolidado, 2016.

- JUNTA DE ANDALUCÍA (2017). *Ley 4/2017, de 25 de septiembre, de los Derechos y la Atención a las Personas con Discapacidad en Andalucía*. BOJA nº 191 de 04/10/2017.

- JUNTA DE ANDALUCÍA (2017). CEJA, D. G. de Participación y Equidad. *Instrucciones 08-03-2017. Actualización protocolo alumnado NEAE.*

En resumen, para establecer la concreción y desarrollo de los elementos del currículo y su disposición, nos acogemos, pues, a lo que expresa el R.D. 126/2014, la O. ECD 65/2015, el D. 97/2015 y la **O. de 17/03/2015**, entre otros elementos legislativos. Especialmente **significativa** resulta esta última ya que nos **facilita** enormemente el diseño de las UDI, como iremos viendo en los puntos siguientes, debido a que **enlaza y articula** todos los **elementos** principales que consta la UDI.

1. Criterios de evaluación.

Si bien en el antiguo modelo de "Unidad Didáctica" todos sus componentes giraban alrededor de los objetivos didácticos, en el actual todos los elementos de la UDI tienen como **referencia** lo que indica el "criterio de evaluación", de ahí que sea lo **primero** a señalar.

Los **criterios de evaluación** vienen erigidos en el R.D. 126/2014, de 28 de febrero, por el que se establece el currículo básico de la Educación Primaria, B.O.E. nº 52, de 01/03/2014. También, en la Orden de 17 de marzo de 2015, por la que se desarrolla el currículo correspondiente a la Educación Primaria en Andalucía, B.O.J.A. nº 60 de 27/03/2015, dentro del **Punto 3** "Mapa de Desempeño para las áreas" y del **Punto 4** "Desarrollo Curricular de las áreas".

Debemos citar en la UDI los **criterios** de evaluación establecido para cada bloque de contenido publicado en la O. 17/03/2015 que consideremos está **más relacionado** con la **temática** a tratar, tanto del área/asignatura que trabajemos como las de otras también afectadas, dado el **carácter globalizado** de la especialidad de Educación Primaria. No olvidemos que al final de la UDI debemos indicar los **estándares** de aprendizaje o especificaciones de los criterios, dentro de la "valoración de lo aprendido". Estos indicadores están establecidos en el *"Punto 4. Desarrollo Curricular de las áreas"*, de la O. 17/03/2015. (Ver las páginas de la Orden donde aparece cada área, asignatura o materia en la TABLA 1).

También es habitual recurrir a las **siglas** con que la propia legislación los **identifica**.

Es preciso significar que la publicación de la O. 17/03/2015 supuso una aclaración general, ya que canalizó en su punto 4 "Mapa de Desempeño", todos los elementos curriculares que componen las UDI a desarrollar durante cada uno de los tres ciclos, incluso con aspectos metodológicos y acciones o actividades a incluir en las UDI, por área o asignatura y ciclo.

Con esta herramienta, a la que recurrimos frecuentemente en este volumen, se nos **facilita** por parte de la Administración Educativa, al profesorado de Primaria, la programación de las UDI durante los seis cursos en cada área, sea troncal o no.

Especificamos las páginas concretas del apartado 4, "Desarrollo Curricular", BOJA nº 60, de 27/03/2015, por área y ciclo, para facilitar su localización en esta dirección de Internet. Al ser versión PDF **copiable**, podemos añadir a nuestra UDI los textos que nos interesen:

http://www.juntadeandalucia.es/boja/2015/60/1.html

En esta otra dirección tenemos los mismos documentos, en "formato libro PDF" copiable:

http://www.juntadeandalucia.es/educacion/descargas/recursos/curriculo-primaria/index.html

TABLA 1. *Localización del currículo de las Áreas en las páginas del BOJA nº 60, de 27/03/2015.*

ÁREAS Y CICLOS. DETALLE SOBRE DE LAS PÁGINAS DEL BOJA Nº 60, DE 27/03/2015, APARTADO 4, "DESARROLLO CURRICULAR", DONDE APARECEN LOS INTEGRANTES DE LOS ELEMENTOS CURRICULARES PARA DISEÑAR LAS UDI.	
ÁREA DE CIENCIAS DE LA NATURALEZA	1º Ciclo: página 38 2º Ciclo: Página 47 3º Ciclo: Página 57
ÁREA DE CIENCIAS SOCIALES	1º Ciclo: página 102 2º Ciclo: Página 112 3º Ciclo: Página 124
ÁREA DE LENGUA CASTELLANA Y LITERATURA	1º Ciclo: página 172 2º Ciclo: Página 184 3º Ciclo: Página 199
ÁREA DE MATEMÁTICAS	1º Ciclo: página 248 2º Ciclo: Página 261 3º Ciclo: Página 278
ÁREA DE EDUCACIÓN ARTÍSTICA	1º Ciclo: página 329 2º Ciclo: Página 346 3º Ciclo: Página 364

2. Objetivos de la Etapa y del área o asignatura para la Etapa con los que se relaciona la UDI.

Nos referimos a los objetivos de la Etapa por un lado (publicados en el R.D. 126/2014), y a los del área o asignatura que están relacionados con la UDI a elaborar, por otro. Si bien algunas comunidades autónomas no tienen publicados los del área o asignatura, en Andalucía están establecidos por la O. del 17/03/2015.

Estos pasos los podemos ver en la figura que mostramos a continuación.

GRÁFICO 2. Pirámide truncada de concreción de Objetivos.

a) **Objetivos de Etapa Primaria (R.D. 126/2014).**

Mostramos en la siguiente tabla las **conexiones** más concretas entre objetivo de etapa y área o asignatura con la que se vincula, si bien en muchos, entendemos, esta correlación es, prácticamente, con **todas** las áreas y asignaturas. Debemos reseñar en la UDI unos ejemplos concretos en función de la temática de la misma.

TABLA 2. Objetivos de Etapa y su relación con las áreas y asignaturas.

OBJETIVO DE ETAPA (R.D. 126/2014)	ÁREA/ASIGNATURA MÁS RELACIONADO
a) Conocer y apreciar los valores y las normas de convivencia, aprender a obrar de acuerdo con ellas, prepararse para el ejercicio activo de la ciudadanía y respetar los derechos humanos, así como el pluralismo propio de una sociedad democrática.	- Lengua Castellana y Literatura - Valores Sociales y Cívicos - Educación para la Ciudadanía y Derechos Humanos

OBJETIVO DE ETAPA (R.D. 126/2014)	ÁREA/ASIGNATURA MÁS RELACIONADO
b) Desarrollar hábitos de trabajo individual y de equipo, de esfuerzo y de responsabilidad en el estudio, así como actitudes de confianza en sí mismo, sentido crítico, iniciativa personal, curiosidad, interés y creatividad en el aprendizaje, y espíritu emprendedor.	Todas
c) Adquirir habilidades para la prevención y para la resolución pacífica de conflictos, que les permitan desenvolverse con autonomía en el ámbito familiar y doméstico, así como en los grupos sociales con los que se relacionan.	Todas
d) Conocer, comprender y respetar las diferentes culturas y las diferencias entre las personas, la igualdad de derechos y oportunidades de hombres y mujeres y la no discriminación de personas con discapacidad.	Todas
e) Conocer y utilizar de manera apropiada la lengua castellana y, si la hubiere, la lengua cooficial de la Comunidad Autónoma y desarrollar hábitos de lectura.	Lengua Castellana y Literatura
f) Adquirir en, al menos, una lengua extranjera la competencia comunicativa básica que les permita expresar y comprender mensajes sencillos y desenvolverse en situaciones cotidianas.	Lengua extranjera

OBJETIVO DE ETAPA (R.D. 126/2014)	ÁREA/ASIGNATURA MÁS RELACIONADO
g) Desarrollar las competencias matemáticas básicas e iniciarse en la resolución de problemas que requieran la realización de operaciones elementales de cálculo, conocimientos geométricos y estimaciones, así como ser capaces de aplicarlos a las situaciones de su vida cotidiana.	Matemáticas
h) Conocer los aspectos fundamentales de las Ciencias de la Naturaleza, las Ciencias Sociales, la Geografía, la Historia y la Cultura.	Ciencias de la Naturaleza Ciencias Sociales
i) Iniciarse en la utilización, para el aprendizaje, de las Tecnologías de la Información y la Comunicación desarrollando un espíritu crítico ante los mensajes que reciben y elaboran.	Todas
j) Utilizar diferentes representaciones y expresiones artísticas e iniciarse en la construcción de propuestas visuales y audiovisuales.	Plástica Educación Física (expresión corporal)
k) Valorar la higiene y la salud, aceptar el propio cuerpo y el de los otros, respetar las diferencias y utilizar la educación física y el deporte como medios para favorecer el desarrollo personal y social.	Educación Física
l) Conocer y valorar los animales más próximos al ser humano y adoptar modos de comportamiento que favorezcan su cuidado.	Ciencias de la Naturaleza

OBJETIVO DE ETAPA (R.D. 126/2014)	ÁREA/ASIGNATURA MÁS RELACIONADO
m) Desarrollar sus capacidades afectivas en todos los ámbitos de la personalidad y en sus relaciones con los demás, así como una actitud contraria a la violencia, a los prejuicios de cualquier tipo y a los estereotipos sexistas.	Todas
n) Fomentar la educación vial y actitudes de respeto que incidan en la prevención de los accidentes de tráfico.	Ciencias Sociales

b) Objetivos del área/asignatura (O. 17/03/2015).

Debemos especificar los objetivos propios del área o asignatura (R.D. 126/2014 y O. 17/03/2015) (Anexo, vigente por la instrucción 12/2019 de 27 de junio), con los que la UDI esté relacionada de manera más significativa.

3. Objetivos de otras áreas/asignaturas que tratamos al trabajar la UDI.

No podemos olvidar que estamos inmersos en una **enseñanza integrada trabajando por competencias**, a través de una **herramienta** como es la Unidad Didáctica Integrada, por lo que debemos **señalar** también los objetivos de **otras áreas** que están más **relacionados** con la materia que vamos a trabajar.

Por ejemplo, si estamos programando una UDI, dentro del área de Lengua Castellana y Literatura, sobre términos relacionados con la **salud** y ésta es tratada también dentro del área de "Ciencias de la Naturaleza", debemos citar al objetivo de esta área número 3 (O.CN.3): *"Reconocer y comprender aspectos básicos del funcionamiento del cuerpo humano, estableciendo* *relación con las posibles consecuencias para la salud individual y colectiva, valorando los beneficios que aporta adquirir hábitos saludables diarios como el ejercicio físico, la higiene personal y la alimentación equilibrada para una mejora en la calidad de vida, mostrando una actitud de aceptación y respeto a las diferencias individuales".*

Deseamos señalar que también podemos valernos de las iniciales y número que la propia legislación expresa y pondríamos en este caso las **siglas** únicamente.

4. Objetivos propios de Andalucía, si procede, relacionados con la UDI.

Normalmente debemos hacer una referencia a los objetivos propios de la comunidad autónoma donde impartamos clase. Como desde un principio hemos tomado como referencia a la C. A. de Andalucía, recurrimos a la legislación donde vienen recogidos.

El D. 97/2015, de 3 de marzo, BOJA nº 50, de 13/03/2015, por el que se establece la ordenación y el currículo de la educación Primaria en la comunidad Autónoma de Andalucía, nos indica sobre la etapa Primaria:

Art. 4. Objetivos:

La Educación Primaria contribuirá a desarrollar en el alumnado las capacidades, los hábitos, las actitudes y los valores que le permitan alcanzar, además de los objetivos enumerados en el artículo 17 de la Ley Orgánica 2/2006, de 3 de mayo, los siguientes:

a) Desarrollar la confianza de las personas en sí mismas, el sentido crítico, la iniciativa personal, el espíritu emprendedor y la capacidad para aprender, planificar, evaluar riesgos, tomar decisiones y asumir responsabilidades.

b) Participar de forma solidaria, activa y responsable, en el desarrollo y mejora de su entorno social y natural.

c) Desarrollar actitudes críticas y hábitos relacionados con la salud y el consumo responsable.

d) Conocer y valorar el patrimonio natural y cultural y contribuir activamente a su conservación y mejora, entender la diversidad lingüística y cultural como un valor de los pueblos y de las personas y desarrollar una actitud de interés y respeto hacia la misma.

e) Conocer y apreciar las peculiaridades de la modalidad lingüística andaluza en todas sus variedades.

f) Conocer y respetar la realidad cultural de Andalucía, partiendo del conocimiento y de la comprensión de la misma como comunidad de encuentro de culturas.

Art. 5, punto 5, la Educación Primaria contribuirá a desarrollar en el alumnado las capacidades que le permita alcanzar, además de los objetivos enumerados en el artículo 17 de la ley Orgánica 2/2006, de 3 de mayo, los siguientes:

a) La prevención y resolución pacífica de conflictos, así como los valores que preparan al alumnado para asumir una vida responsable en una sociedad libre y democrática.

b) La adquisición de hábitos de vida saludable que favorezcan un adecuado bienestar físico, mental y social.

c) La utilización responsable del tiempo libre y del ocio, así como el respeto al medio ambiente.

d) La igualdad efectiva entre mujeres hombres, la prevención de la violencia de género y la no discriminación por cualquier condición personal o social.

e) *El espíritu emprendedor a partir del desarrollo de la creatividad, la autonomía, la iniciativa, el trabajo en equipo, la autoconfianza y el sentido crítico.*

f) *La utilización adecuada de las herramientas tecnológicas de la sociedad del conocimiento.*

En la práctica, en la mayoría de las UDI que diseñemos estamos tratando uno o varios de los aspectos que hemos citado, ya que son de temática muy generalista: valores democráticos, respeto a los demás y al medio, igualdad, responsabilidad, hábitos saludables, etc. Estimamos, pues, su inclusión como un apartado más de la UDI que planteemos.

5. Objetivos didácticos. Su relación con los indicadores y las CC. Clave.

Recordamos que los autores tenemos como **referente** en la realización de este volumen el **currículo de Andalucía** de Primaria, de ahí que debamos referirnos, **prescriptivamente**, al D. 97/2015 y a la O. 17/03/2015 y, dentro de esta última, en su Anexo I, a sus apartados 3, "**Mapa de Desempeño**" y 4, "**Desarrollo Curricular**", porque nos **especifica** y **orienta** acerca de cada uno de los **elementos curriculares de las UDI**, en función del área y ciclo donde vayamos a aplicarla. (Ver TABLA 1).

Los objetivos didácticos son aquellos que concretamos a partir de los indicadores y que, a su vez, se apoyan en los de Etapa y Ciclo. Se formulan en infinitivo y se definen en las distintas sesiones en las que se articula la UDI.

Una vez estemos en la página del "Desarrollo Curricular" correspondiente al bloque de contenidos que vayamos a trabajar en cada una de las UDI, iremos directamente a la celda donde aparecen los "Indicadores", que además van ligados a la competencia clave a trabajar.

En este mismo sentido, es decir, la relación indicador/objetivo didáctico, la expresan la bibliografía consultada, la documentación publicada por la propia CEJA, etc., como Deza y Pérez (2017) en el documento editado por la D. G. de Innovación (CEJA).

Veamos un **ejemplo** concreto:

Nos encontramos programando una UDI dentro del área de Ciencias Sociales, primer ciclo. Vamos a tratar la *convivencia y el respeto a los demás para la prevención de conflictos*. Para saber qué objetivos didácticos debemos seleccionar, **primero** nos fijamos en el **criterio de evaluación** que trata estos aspectos, dentro de los prescriptivos para este ciclo. Para ello, acudimos al "Mapa de Desempeño" para el área de CC. Sociales, (O. 17/03/2015 (Anexo I de la O. 17/03/2015, vigente por la Instrucción 12/2019 de 27 de junio), página 80 del BOJA nº 60, de 27/07/2015). Comprobamos que es el CE 1.3., es decir, 1er ciclo, 3er. criterio (página 82).

No obstante, podemos buscarlo también directamente en el "Desarrollo Curricular", comprobando que está recogido en la página 104. Si nos fijamos en la celda "Indicadores", leemos que vienen asociados al tercer criterio de evaluación para 1º ciclo (CE 1.3):

C.S.1.3.1. *"Valora la importancia de una convivencia pacífica y tolerante entre los diferentes grupos humanos sobre la base de los valores democráticos y los derechos humanos universalmente compartidos, participando de una manera eficaz y constructiva en la vida social y crea estrategias para resolver conflictos"*. Este indicador va asociado a la C. Clave de CSYC y SIEP, ya que ambas competencias las trabajamos al tratar esta UDI.

También aparece ligado al criterio 1.3 el indicador CS.1.3.2. *"Valora la cooperación y el diálogo como forma de evitar y resolver conflictos y fomenta los valores democráticos desarrollando actitudes de cooperación y de trabajo en equipo"*. Al igual que el anterior, está asociado a las mismas C. Clave.

Para proceder a formular los objetivos didácticos de nuestra UDI, los "convertimos" en infinitivo al mismo tiempo que los "ajustamos" a nuestros intereses de contexto, aprendizajes previos, etc. Así, tendríamos:

O. Didáctico 1: "Valorar la importancia de una convivencia pacífica y tolerante entre los diferentes grupos humanos".

O. Didáctico 2: "Tratar valores democráticos y los derechos humanos universalmente compartidos, participando de una manera eficaz y constructiva en la vida social".

O. Didáctico 3: "Crear estrategias prácticas para resolver conflictos"

O. Didáctico 4: "Practicar la cooperación y el diálogo como forma de evitar y resolver conflictos".

O. Didáctico 5: "Fomentar los valores democráticos desarrollando actitudes de cooperación y de trabajo en equipo".

6. **Contenidos. Incluye referencias a los propios de Andalucía, si procede.**

Los contenidos se refieren a los objetos de enseñanza-aprendizaje que la sociedad considera útiles y necesarios para promover el desarrollo personal y social del individuo. En realidad, son informaciones que permitirán, una vez comprendidas, dominadas y practicadas, alcanzar los objetivos y competencias propuestos.

La **LOMCE/2013** los define como *"conjunto de conocimientos, habilidades, destrezas y actitudes que contribuyen al logro de los objetivos y la adquisición de competencias. Se ordenan en asignaturas..."*

Podemos resumir que "es la **materia** que debemos enseñar" o los "medios para hacer realidad a los objetivos". En cualquier caso, los contenidos dejan de tener **fin en sí mismos** y se convierten en los medios para conseguir objetivos y competencias (Cañizares y Carbonero, 2016 -3-).

¿De dónde obtenemos los contenidos que impartiremos en una UDI relacionada con las cuatro "áreas" o "asignaturas troncales": CC. de la Naturaleza; CC. Sociales; Lengua Castellana y Literatura; Matemáticas.

Disponemos, al menos en Andalucía, de **tres opciones**, siendo la **tercera** la más **fácil** y **operativa** en todos los sentidos. Veamos:

A) Seguimos el R.D. 126/2014.

El R.D. 126/2014 nos indica los contenidos para impartir a lo largo de la Etapa Primaria.

Ver: https://www.boe.es/boe/dias/2014/03/01/pdfs/BOE-A-2014-2222.pdf

La publicación de los contenidos de las áreas troncales, así como los criterios de evaluación y estándares de aprendizaje no es exclusivo de la Orden del 17/03/2015 (Anexo I de la O. 17/03/2015, vigente por la Instrucción 12/2019 de 27 de junio), de Andalucía. Previamente, el RD 126/2014 lo había publicado en el BOE nº 52, de 01/03/2014, aunque para toda la Etapa y sin especificar los ciclos, como hizo posteriormente la Orden andaluza. Detallamos en esta tabla las **páginas** del mismo y así facilitar su **localización** a las personas interesadas.

TABLA 3. *Localización de contenidos en el R.D. 126/2014. BOE nº 52, de 01/03/2014*

DETALLE PARA LOCALIZAR LOS CONTENIDOS, CRITERIOS DE EVALUACIÓN Y ESTÁNDARES DE APRENDIZAJE, POR ÁREA TRONCAL PARA LA ETAPA EN LAS PÁGINAS DEL R.D. 126/2014, BOE Nº 52, DE 01/03/2014.	
ÁREA DE CC. DE LA NATURALEZA	Páginas 19367 a 19371
ÁREA DE CC. SOCIALES	Páginas 19374 a 19377
ÁREA DE LENGUA CASTELLANA Y LITERATURA	Páginas 19381 a 19385
ÁREA DE MATEMÁTICAS	Páginas 19388 a 19393

B) Lo que nos indica la O. 17/03/2015, (Anexo I, vigente por la Instrucción 12/2019 de 27 de junio).

Son los mismos del R. D. 126/2014, pero la Orden nos los da ya **secuenciados** para cada **ciclo**, por lo que nos **facilita** mucho su redacción.

Ver: http://www.juntadeandalucia.es/boja/2015/60/BOJA15-060-00172-5243-03_00066439.pdf

TABLA 4. *Páginas donde localizar el resumen de contenidos por área, bloque y ciclo en la O. del 17/03/2015 (Anexo I, vigente por la Instrucción 12/2019 de 27 de junio), BOJA nº 60, de 27/03/2015.*

DETALLE PARA LOCALIZAR EL RESUMEN DE LOS CONTENIDOS, POR ÁREA, BLOQUE Y CICLO, DE LA O. 17/03/2015, EN LAS PÁGINAS DEL BOJA Nº 60, DE 27/03/2015.	
ÁREA DE CC. DE LA NATURALEZA	1º Ciclo: página 67 2º Ciclo: página 69 3º Ciclo: página 71
ÁREA DE CC. SOCIALES	1º Ciclo: página 138 2º Ciclo: página 139 3º Ciclo: página 141
ÁREA DE LENGUA CASTELLANA Y LITERATURA	1º Ciclo: página 213 2º Ciclo: página 215 3º Ciclo: página 217
ÁREA DE MATEMÁTICAS	1º Ciclo: página 298 2º Ciclo: página 301 3º Ciclo: página 304
ÁREA DE EDUCACIÓN ARTÍSTICA[1]	1º Ciclo: página 382 2º Ciclo: página 385 3º Ciclo: página 388

C) Seguir estrictamente lo expuesto en el "Desarrollo Curricular".

Nos limitamos a seguir lo expuesto en el punto 4, "**Desarrollo Curricular**", por la O. 17/03/2015 (Anexo I, vigente por la Instrucción 12/2019 de 27 de junio), ya que nos **especifica** y **orienta** sobre la **secuenciación** de contenidos, en relación al criterio de evaluación, objetivos, competencias e indicadores, que debemos incluir en función del **área y ciclo** donde vayamos a aplicarla. Para ello debemos **acudir** a la **TABLA 1**, y ver las páginas de la O. del 17/03/2015 (Anexo I, vigente por la Instrucción 12/2019 de 27 de junio), donde están recogidos los de cada área.

---
[1] El Área de Educación Artística la contempla para Andalucía la O. 17/03/2015.

Independientemente de ello, el D. 97/2015, de 3 de marzo, BOJA nº 50, de 13/03/2015, por el que se establece la ordenación y el currículo de la Educación Primaria en la comunidad Autónoma de Andalucía, nos indica en su art. 5, punto 6:

El currículo incluirá **contenidos propios de Andalucía**, relacionados con:

a) El conocimiento y el respeto a los valores recogidos en el Estatuto de Autonomía para Andalucía.

b) El medio natural, la historia, la cultura y otros hechos diferenciadores de nuestra Comunidad para que sean conocidos, valorados y respetados como patrimonio propio, en el marco de la cultura española y universal.

Al igual que hicimos con los Objetivos de Andalucía, debemos proceder con los contenidos, si es que la **temática** de la UDI nos lo permite. En otra comunidad debemos citar los propios de la misma.

En cualquier caso, no debemos olvidar consignar algún contenido que haga referencia a la **lectura, escritura y expresión oral**: *"todas las **programaciones** de todas las áreas incluirán actividades en las que el alumnado deberá **leer**, **escribir** y **expresarse** de forma oral "* (D. 328/2010 y otros documentos legislativos). En este mismo sentido, sería interesante plantear algún **contenido** relacionado con las **TIC**. No olvidemos lo que el RD 126/2014 nos indica varias veces: *"Dada su creciente importancia, se debe iniciar a alumnos y alumnas en el uso de la Tecnologías de la Información y Comunicación, para buscar información y para tratarla y presentarla, así como para realizar simulaciones interactivas y representar fenómenos de difícil realización experimental"*.

7. Elementos transversales.

La transversalidad tiene como objetivo la formación integral de alumnas y alumnos. Es parte de cada una de las áreas y del Proyecto Educativo.

Los Elementos Transversales (así los llama el R.D. 126/2014), son **contenidos** que hacen referencia a problemas y conflictos que afectan actualmente a la naturaleza, a la humanidad y al propio individuo. Su finalidad es enseñar, concienciar y producir en la población escolar una actitud crítica ante los diversos valores y contravalores que la sociedad está creando. Por lo tanto, pretendemos **solucionar los problemas** que han dado lugar a la formación de estos tipos de contenidos.

Para su tratamiento tomamos como **referencia** a la **LEA/2007**, artículo 39 y al **R.D. 126/2014**, artículo 10. La ley autonómica andaluza cita como "**Educación en Valores**" a la mayoría de los elementos transversales que introduce el R.D. 126/2014. Se trata de **elegir** los que tengan más **conexión** con la UDI que estemos planteando y citar algunos detalles que vayamos a tratar durante las sesiones.

Como es un elemento que no viene especificado en el "Desarrollo Curricular", debemos buscarlos en la **legislación** antes citada. Mencionamos los más relacionados y justificamos por qué los distinguimos, cuestión que con breves detalles y concretos debe bastarnos. Por ejemplo:

- <u>Igualdad real y efectiva entre hombres y mujeres</u>. Plantear juegos interactivos con participación de todas y todos. Evitar comportamientos sexistas y estereotipos discriminatorios, como por ejemplo, análisis de textos que puedan reproducir sesgos de género.

- <u>Riesgos derivados del mal uso de las Tecnologías de la Información y Comunicación</u>. Realización de Webquest, búsqueda de información sobre el producto social relevante que deseamos obtener, etc. Utilización de páginas web educativas. Prestar atención e intervenir decididamente si detectamos conductas relacionadas con el acoso o menosprecio a través de redes sociales. Uso de aplicaciones y programas educativos, utilización de la pizarra digital y entornos que faciliten su aprendizaje en las diferentes áreas de contenidos: Matemáticas, Lengua Castellana y Literatura, Lengua Extranjera, Ciencias de la Naturaleza, etc. Búsqueda de aplicaciones relacionadas con el contenido que estemos trabajando. Realización de actividades de forma interactiva y cooperativa. Dar pautas al alumnado para que accedan a la información segura, precisa y razonada. Uso de la tableta digital o del ordenador como medio de creación, de integración, de cooperación, de potenciación de valores sociales y de expresión de las ideas de cada uno.

- <u>Desarrollo sostenible y el medio ambiente</u>. Promoción de estilos de vida en armonía con el medio ambiente. Limpieza y cuidados de parques. Uso sostenible de espacios naturales en las actividades complementarias y extraescolares. Reducir, reciclar y reutilizar los residuos. Toma de conciencia de la realidad ambiental de la zona. Medidas de eco eficiencia.

Suelen estar relacionadas con **efemérides** y/o con días **conmemorativos**, como el "Día de la Paz" o el "Día de la Mujer".

8. Competencias Clave que desarrollamos con la UDI.

¿De qué forma los aprendizajes que vamos a trabajar en la UDI van a **contribuir** al logro de las Competencias Clave? En este apartado debemos especificar que la UDI pretende una **aportación** formativa a las C. Clave, ya mencionadas en el punto 5, en cuanto a su relación con los objetivos e indicadores de logro. Las citamos y describimos algunos ejemplos concretos que lo justifique.

No olvidemos que la normativa española, siguiendo las directrices europeas, entiende a las C. Clave como una meta educativa primordial a alcanzar plenamente al terminar la ESO. Son indispensables para el aprendizaje de las personas a lo largo de la vida y para su desarrollo personal, profesional y social que demanda nuestro contexto actual.

Debemos **nombrar** aquellas que tienen más **relación** dadas las características o temática de la Unidad, si bien en la O. 17/03/2015 (Anexo I, vigente por la Instrucción 12/2019 de 27 de junio), ya vienen directamente conectadas con los indicadores de logro y, por ende, con criterios de evaluación, objetivos y contenidos (ver el punto 4, "Desarrollo Curricular", de las áreas implicadas). En la **Tabla 4**, anteriormente presentada, ya hemos especificamos las páginas exactas del BOJA nº 60, de 27/03/2015 a consultar.

Por ejemplo, las UDI que tengan contenidos relacionados con la búsqueda de información de diversa índole en webs educativas o realización de actividades a través de recursos multimedia como el programa "Hot Potatoes", que incluye al "JCloze", "JMatch", "JMix", "JCross" y "JQuiz", etc.), además de servirnos para fijar los contenidos, están muy vinculadas a la **Competencia Digital** (CD). Las unidades sobre lenguaje verbal y corporal están muy asociadas a la **Competencia de Conciencia y Expresiones Culturales** (CEC).

Muy posiblemente, al igual que nos puede ocurrir en otros apartados, las competencias las podemos expresar con sus **iniciales**.

C) TRANSPOSICIÓN DIDÁCTICA. → ¿Qué acciones didácticas vamos a tratar, de qué forma y cómo vamos a respetar la diversidad?

Es el propio **desarrollo** de la Unidad, es decir, cómo **crear** situaciones de aprendizaje. Consiste en determinar las estrategias **metodológicas**, los **escenarios**, los **recursos** didácticos y la **temporalización**, así como los **procesos cognitivos** o **modelos de pensamiento** que desarrollamos con el trabajo de las acciones prácticas.

Esta parte de la UDI debemos **cuidarla** especialmente debido a que representa la forma más fehaciente del trabajo que alumnado y docente vamos a realizar en cada momento de la misma.

Evidentemente, la transposición incluye lo que quizás resulte más **destacable**, como son la/s **tarea/s**, **actividades** y **ejercicios** a realizar y posibles **adaptaciones**. Las tareas, pues, dan lugar a un **producto social relevante** (conocimiento en acción o resultado del aprendizaje).

Las competencias se adquieren por medio de las tareas. Las tareas se secuencian en actividades que incluyen ejercicios, como vemos en el siguiente gráfico.

GRÁFICO 3. *Tarea, actividad y ejercicio.*

1. Tarea/s

Debemos entender, siguiendo entre otros al CNIIE (2014)[2] y a autores tales como Moya y Luengo (2011) o Blázquez -coord- (2016) la "tarea", como la confección de un **producto final relevante** que tiene un valor sociocultural determinado, que nos posibilita satisfacer un problema que hemos planteado al inicio de la UDI. Ésta debe producir experiencias suficientes para adquirir la competencia prevista, de ahí centrarnos en ella, así como en el **contexto** donde la vamos a trabajar. Para ello, además de tener en cuenta el entorno personal, socio-familiar y escolar, emplearemos actividades encaminadas a poner en marcha los procesos mentales, así como contenidos a través de ejercicios. No olvidemos que la realización de las tareas ponen al grupo en situación de interaccionar con los contextos que hayamos elegido, representando una práctica de vida con un producto final relevante, apreciable.

Suponen varias **actividades interdisciplinares contextualizadas** que permiten la **transferencia** de saberes a la vida cotidiana.

Deben ser interesantes, con objetivos muy claros, usar una **metodología constructiva** y **cooperativa**, dar protagonismo al

---

[2] El Centro Nacional de Innovación e Investigación Educativa (CNIIE, 2014), dependiente del Ministerio de Educación Cultura y Deporte (MECD), se considera una unidad generadora de conocimiento e innovación en educación, al servicio del sistema educativo español.

alumnado y tener varias posibilidades de resolución, entre otras características. Son imprescindibles para adquirir las C. Clave e intervienen todos o casi todos los procesos cognitivos movilizando todos los recursos de la persona (conocimientos, estrategias y destrezas).

Han de estar perfectamente formuladas y el producto social relevante final muy bien definido. Podemos partir desde un problema o una necesidad, desde un criterio de evaluación, desde una competencia, desde un objetivo, un concepto o procedimiento, desde un acontecimiento del entorno o una noticia, etc. En su diseño tendremos en cuenta sus componentes: grado de competencia/s a adquirir con su realización; contextos (individual, académico/escolar, familiar socio comunitario), donde vayamos a aplicar esta/s competencia/s; contenidos para comprender y efectuar la tarea; recursos materiales: textos, mapas, elementos informáticos, gráficos…; metodología preferentemente cooperativa; organización del grupo; tipo de pensamiento o procesos cognitivos movilizando la totalidad de los recursos de la persona (conocimientos, estrategias, destrezas y actitudes) que se desarrollan con las distintas actividades: lógico, crítico, deliberativo, analítico, etc. Si la tenemos bien diseñada, contribuye a tratar **varias competencias**.

Una vez tengamos pensada y definida la tarea, debemos proyectar un **grupo** de **actividades** que nos permita su realización y, por ende, el producto social relevante. Aquéllas deben satisfacer los criterios de ser completas (sin posibilidad de fallos para realizar el producto final); variadas, es decir, con el desarrollo de diversos modos de pensamiento y tipos de contenido; inclusivas o que sus dificultades atiendan a la diversidad del grupo.

Por ello, la **diferencia** entre "tarea" y el "P.S.R." radica en que la **tarea** es el diseño del producto que **deseamos hacer**, y el **P.S.R.**

es la tarea ya **terminada**, el objeto material obtenido (Cañizares y Carbonero, 2018 -2-).

a) **Producto**, porque es algo que creamos, originamos o producimos y que antes no existía como tal y el alumnado se identifica con el mismo.

b) **Social**, porque lo damos a conocer, lo exponemos para que lo vean los demás, la Comunidad Educativa, bien físicamente en el centro, bien de forma virtual en la web del colegio.

c) **Relevante**, porque representa de manera significativa los aprendizajes realizados.

GRÁFICO 4. Diferencias entre tarea y P.S.R.

TAREA es la presentación del trabajo que vamos a realizar, producir o crear durante las sesiones de la UDI, su diseño, fases, pormenores, etc. Es el **planteamiento** de las acciones sucesivas, organizadas y estructuradas, desde un punto de vista técnico, metodológico y **contextualizado** al grupo al que va dirigida

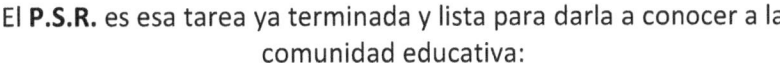

El **P.S.R.** es esa tarea ya terminada y lista para darla a conocer a la comunidad educativa: fotos en la web del CEIP, una maqueta en "sala de visitas", cartel en pasillos, etc.

En **resumen**, *"a diferencia del ejercicio y la actividad, el diseño de una tarea requiere decidir para qué se hace esa tarea, qué producto final se va a elaborar vinculado a la vida real y qué relevancia social tiene en el día a día del alumno. Así mismo, para la resolución de la misma no hay una respuesta prefijada, como ocurre con el ejercicio, que es mecánico, repetitivo y memorístico, sino que va más allá. La resolución de una tarea requiere de la integración:*

- *Conocimientos previos adquiridos.*
- *Destrezas y puesta en marcha diversos mecanismos para su resolución.*
- *Actitud positiva ante la tarea"* (CNIIE, 2014).

Los **pasos** para **diseñar** una **tarea**, son:

- Pensarla partiendo del currículo de área y teniendo en cuenta los intereses del alumnado.
- Describirla de manera que permita resolver una situación-problema; suponga la elaboración de un producto final de valor; posibilite participar en una tarea social en un contexto determinado.
- Elaborar la secuencia ordenada y completa de actividades y ejercicios.
- Realizar la selección de ejercicios para consolidar el dominio de los contenidos que requieren las actividades.

Ejemplos:

- Preparar y representar una coreografía o un juego dramático.
- Taller de teatro tradicional, sketch o pieza corta, monólogos, puppet show (marionetas), kamishibai (teatro de papel), …
- Confeccionar un póster anunciador de las actividades escolares de final de curso.
- Realizar un mural con los parques de la comarca.
- Elaborar un infograma (foto a la que añadimos explicación sobre lo que representa), sobre motivos varios.

- Elaborar el proyecto de visita para acudir al P.N. Doñana.

- La convivencia en un hospedaje rural.

- Celebración del "Día de Andalucía", "Día de la Bicicleta", "Día del Medio Ambiente" u otra efemérides.

- Organización y distribución de los "recreos inteligentes, saludables o activos" o "patios inclusivos", realizando los mapas de juegos y otras actividades en días y espacios adecuados.

- Elaborar una dieta equilibrada para el comedor escolar.

- Elaborar el menú semanal equilibrado para el comedor.

- Campañas divulgativas sobre cualquier cuestión de interés social

- Producción de videos sobre alguna temática concreta, como "hábitos saludables".

- Hacer una guía sobre el parque o el polideportivo de mi barrio.

- Diseñar una Yincana.

- Hacer la guía turística de la localidad (senderismo urbano).

- Diseñar un cartel con las normas de convivencia de un grupo, curso o centro, para una campaña publicitaria, para conservar limpia la escuela, contra la violencia de género, el racismo...

- Hacer el periódico digital o revista digital del centro.

- Preparar y emitir un programa de radio sobre el "no al sexismo".

- Organizar la excursión fin de curso, el viaje de estudios, el intercambio con alumnos franceses...
- Preparar la acampada o el viaje a...
- Preparar y representar teatros de las sombras.
- Nos vamos de excursión al Planetario...
- Preparación del carnaval.
- Planificar y desarrollar un huerto escolar.
- Hacer un trabajo de cada pueblo de la comarca con los juegos populares o autóctonos de cada zona para hacer un libro colectivo y presentarlo a la comunidad.
- Organizar una exposición sobre...
- Confeccionar un mural sobre algunos aspectos de la higiene, alimentación, dieta mediterránea, convivencia, etc.
- Hacer encuestas sobre distintos temas de interés social: maltrato animal, discriminación social, etc.
- Hacer gráficas sobre resultados de un sondeo realizado previamente.
- Cuaderno de campo de los seres vivos...
- Elaborar un código para un uso responsable de TV en casa.
- Representar un juego dramático para la Comunidad Educativa.
- Elaborar un conjunto arquitectónico con diversos materiales.
- Composición sobre juegos cooperativos.

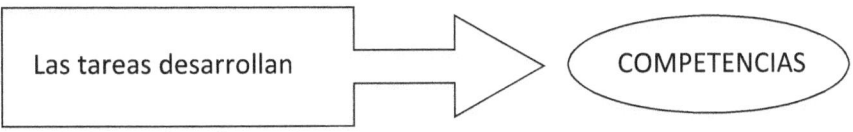

2. Actividades.

Son una acción o conjunto de acciones orientadas a la adquisición de un conocimiento nuevo o a la utilización de algún conocimiento de forma diferente. Se trata de comportamientos que producen una respuesta diferenciada de gran variedad, que posteriormente aplicaremos en las tareas para adquirir las competencias (CNIIE, 2014). Pueden favorecer el desarrollo de las C. Clave, pero no siempre. No garantiza transferencia a otras situaciones y deben estar **graduadas en dificultad**. También, exigen una respuesta variada y diferente aunque unida a **procesos cognitivos** de relativa dificultad, normalmente manejando **informaciones diversas**: reflexionar, crear, contrastar, comparar, investigar, razonar, analizar, relacionar, comprobar, deliberar, entrevistar, etc. Cada actividad se compone de **varios ejercicios** (Cañizares y Carbonero, 2018 -2-).

Ejemplos:

- Poner en práctica las reglas de un juego interactivo sobre contaminación del medio ambiente.
- Selección de información sobre los juegos medioambientales investigados.
- Maquetación o modelo previo de esa información.
- Recoger la información obtenida en un formato digital o en soporte papel.
- Confección de un cuestionario o sondeo de investigación..

- Diseñar las "postas/espacios" de los "recreos inteligentes, inclusivos o activos".
- Organizar las actividades para realizar en los "recreos inteligentes" o "inclusivos": debatir las mejores y realizables, preguntar en otros cursos, etc.
- Marcar en el recreo zonas para jugar a la "comba", los "pitos", al "cuadrante"...
- Lectura en voz alta de los diálogos a efectuar en un juego dramático.
- Investigar juegos autóctonos de nuestra comarca.
- Medir los terrenos del patio, porche, etc. aptos para jugar.
- Confeccionar pelotas y otros móviles con materiales de desecho.
- Organizar actividades lúdicas y saludables en semana santa.
- Confeccionar una tarjeta navideña o la invitación para un acto: cumpleaños,...fiesta de Navidad, obra de teatro,... Juegos para hacer ese día.
- Hacer el guión y tarjeta de invitación para los padres asistan a la "mini olimpiada".
- Debatir el tipo de contenido para el carnaval: disfraces, máscaras...
- Escribir al Ayuntamiento solicitando papeleras, árboles, bancos, canastas de Mini Basket para el patio de recreo o parque cercano, contenedores diferenciados para la recogida de basura selectiva y posterior reciclado.

- Ídem sobre "mini canchas de fútbol" para jugar a las "chapas" y otros juegos populares.

- Hacer el logotipo de la clase, del grupo, del equipo.

- Interpretar el mapa del tiempo de los próximos días en la comarca.

- ¿Cuánto medimos o tenemos de envergadura, perímetro craneal…?

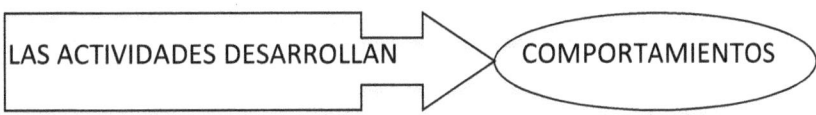

3. Ejercicios.

Un ejercicio es una práctica, una **repetición mecánica** que sirve para adquirir unos conocimientos o desarrollar una habilidad. Son una acción o varias orientadas a la comprobación del dominio adquirido en el manejo de un determinado saber o instrucción. Supone una conducta observable que produce una respuesta prefijada que se da repetidamente. Es, pues, la unidad básica de instrucción -su realización práctica-, para expresar una conducta motriz y desarrollar los patrones de movimiento que facilitan la ejecución de las actividades (automatización de la habilidad/destreza motriz). Son necesarios aunque no contribuyen directamente a la consecución de la competencia, tienen menos capacidad cognitiva, y siguen el esquema: explicación o pregunta para indagación + ejemplo aclaratorio + realización del ejercicio. Por ejemplo, practicar, copiar, efectuar, realizar, etc. (Cañizares y Carbonero, 2018 -1-).

Ejemplos:

- Señalar tiempos verbales en el contexto dado.
- Realizar sumas, restas y productos para fijar los algoritmos.
- Memorizar una poesía.
- Copiar párrafos, inventar frases.
- Hacer un dictado.
- Colorear una figura.
- Memorizar una determinada clasificación.
- Clasificar animales vertebrados e invertebrados.
- Ejercicios tipo "*cloze*" (rellenar huecos).
- Ejercicios de caligrafía (psicomotricidad fina, precisión), comprobando la ortografía.

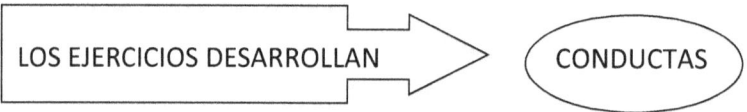

Deben ser muy **variados** y de toda índole, con propuestas indagatorias y bien secuenciadas de menos a más dificultad, con objeto de que el alumnado vaya construyendo su conocimiento y llegar a la tarea o producto social relevante final.

No olvidemos que el Desarrollo Curricular de cada área indica que "*partiendo de cada criterio de evaluación, **se ofrecen orientaciones y ejemplificaciones de actividades y tareas y se concretan los contenidos necesarios**. La integración de estos elementos en diversas **actividades** y **tareas** genera competencias y contribuye al logro de los objetivos que se indican en cada uno de los criterios*" (O. 17/03/2015).

Debemos citar las posibles **adaptaciones metodológicas** para atender la **diversidad**, así como alguna más **específica** si hemos ya consignado en la programación a algún alumno/a con cualquier tipo de **dificultad y/o discapacidad** (NEAE) que tengamos en el grupo-clase.

Los tipos más habituales de actividades/ejercicios, son:

- Introducción, motivación o indagación de ideas previas. Se trata de crear en chicas y chicos la necesidad de hacerlas, de acercarlos a la realidad que han de aprender. Nos sirven también para detectar la competencia curricular que posee el grupo, es decir, revisar lo que conoce a través de la observación, charla, prueba, etc. Por ejemplo, antes de iniciar un aprendizaje sobre el cuerpo humano, podemos hacer una "lluvia de ideas" sobre lo que el grupo entiende por ello.

- Desarrollo. El grupo se enfrenta a los distintos aspectos de la materia y los ejercicios están graduados en dificultad. Niñas y niños participan en la realización de las acciones propuestas para asimilar los contenidos y llegar a conseguir los objetivos. Se avanza en el conocimiento y deben tener un marcado matiz "investigador", procurando que el alumnado elabore la respuesta. Por ejemplo, hacer una composición escrita sobre descripción de personas. En cualquier caso y, tras las recomendaciones de la D. 328/2010, debemos incluir siempre actividades que supongan **leer, escribir y expresarse oralmente**, así como las relacionadas con las **TIC**.

- Consolidación. Son ejercicios destinados a recordar lo anterior, ya que lo que no se consolida se pierde. Se orientan hacia la capacidad de síntesis y obtención de conclusiones. Por ejemplo, hacer un inventario de energías renovables y no renovables. También se denominan "de cierre" porque ponen a prueba los conocimientos adquiridos.

- <u>Ampliación-profundización o proacción</u>. Dentro de la sesión ofrecemos propuestas para que avancen quienes tengan un ritmo de aprendizaje más rápido, por lo que **atienden a la diversidad**. Por ejemplo, investigar sobre los parques naturales de Andalucía o sobre qué es una constelación solar.

- <u>Refuerzo o retroacción</u>. Relacionadas con la "**atención a la diversidad**" porque se adaptan a un sujeto en función de sus características. Se destinan al alumnado que no ha logrado los objetivos previstos porque tiene dificultad para ello, ya que llevan un ritmo de aprendizaje más lento o una necesidad educativa específica. Por ejemplo, completar las vocales que faltan en unas frases.

Si en la Programación Didáctica hemos especificado que en nuestro grupo de referencia tenemos a un alumno con N.E.A.E., en este apartado es donde debemos detallar los ejercicios concretos o las **adaptaciones** a llevar a cabo.

- <u>Evaluación</u> Nos sirven para comprobar el grado de aprendizaje alcanzado, si hemos logrado o no el desarrollo de las capacidades expresadas en los objetivos. Gracias a ellas obtenemos información sobre el proceso de enseñanza-aprendizaje, su valoración y toma de decisiones enfocada siempre a la mejora. Por ejemplo, prueba escrita sobre los contenidos más fundamentales trabajados durante la UDI.

Independientemente de los tipos anteriores, citamos a:

- Actividades Complementarias. Se realizan en determinadas UDI para reforzar lo aprendido. Por ejemplo, visita a un parque periurbano para observar hormigueros, dibujar plantas, etc.

- Actividades Extraescolares. Las hacemos fuera del horario escolar y requieren mayor organización, responsabilidades, etc. Por ejemplo, "un día en la nieve" y se plantea como una sesión más de la UDI. Deben estar relacionadas con los objetivos porque perfecciona los aprendizajes de la misma. No obstante, en otras ocasiones son meramente recreativas.

En **Internet** podemos encontrar, usando cualquier **buscador**, múltiples ejemplos señalados y desarrollados de tareas/actividades/ejercicios. A partir de ahí, empezamos a "navegar" por webs, blogs, etc. encontrando gran número de **aplicaciones didácticas** que nos pueden servir, independientemente de los contenidos de los libros de texto.

En cuanto a las **características didácticas** de las tareas, actividades y ejercicios a incluir en las sesiones, debemos tener en cuenta las siguientes a la hora de seleccionarlas:

- Ser capaces de motivar al alumno teniendo previstas alternativas a las iniciales.

- Deben facilitar que el alumnado aprenda disfrutando.

- Propiciar la participación, la creatividad y responder al interés del alumnado en función de su desarrollo individual.

- Procurar la **inclusión** de todo el alumnado considerado ANEAE y su participación en la dinámica de la clase.

- Estimular la curiosidad y la necesidad de conocer "algo más".

- Favorecer la familiarización del alumnado con el entorno dentro de un contexto de seguridad.

- Facilitar la utilización de un vocabulario científico que permita la corrección de vulgarismos y tópicos.

- Presentar el mayor número de situaciones que tengan aplicación práctica en la vida cotidiana del alumno como ciudadano, preferiblemente con el uso de estrategias cooperativas.

- Que fomenten la alegría y solidaridad.

- Usar correctamente las instalaciones de su entorno.

- Que no tengan ningún tipo de sesgo discriminatorio de género, etnia, procedencia, cultura, creencias, etc.

- Varias gradaciones que nos faciliten la adaptación a los distintos ritmos de aprendizaje.

RESUMEN DE LOS CONCEPTOS TAREA / ACTIVIDAD / EJERCICIO / PSR

TAREA

Nombre de la tarea, que suele ser similar al de la UDI, del trabajo que vamos a realizar a lo largo de las sesiones de las UDI, tanto en el centro como en casa. Su diseño, es decir, qué le explico a los alumnos que vamos a realizar durante las sesiones de la UDI?. Hacerlo paso a paso para que lo entiendan bien, cómo organizamos los grupos de índole -preferentemente- cooperativa.

Comprende a varias actividades. Debe estar contextualizada, ser significativa y funcional, que conecte con la vida cotidiana del alumnado y que el tema les motive. La tarea, ya terminada, se convierte en el P.S.R.

Es aprender algo nuevo o mejorar el conocimiento anterior. Implica manejar información, la metodología aplicada para su búsqueda, sus fuentes, cómo y dónde encontrarla para hacer la tarea: libros, cuadernos, Internet, preguntas orales, debates, encuestas, observaciones, investigaciones varias... Cada actividad lleva asociada varios ejercicios que la cierran.

Practicar las actividades. Es acción última, final del proceso, porque después del ejercicio no hay otra labor que realizar. Es repetir varias veces un trabajo, incluso de manera mecánica, para su aprendizaje y almacenamiento en la memoria (engrama motor).

Es la tarea, lo que le explicamos al principio al grupo, pero ya terminada y realizada a lo largo de las sesiones de la UDI, incluyendo trabajos en casa, preferiblemente en grupos. Es una producción de tipo material (póster, maqueta, objetos, etc.) para difundir o exponer a la Comunidad Educativa en pasillos, sala de visitas, vestíbulo, etc. o virtual (publicar en web del Centro fotos o video[3] sobre el proceso seguido).

---

[3] Tendremos en cuenta lo expresado por la Ley Orgánica 3/2018, de 5 de diciembre, de Protección de Datos Personales y garantía de los derechos digitales (BOE 10/12/2018).

TIPOS DE P.S.R.

A) CARTEL: cartel de cartulina tradicional: informativos, divulgativos, creativos; póster tipo "Lapbook", "Wall Chart" o trípticos; infograma o infografía; "collage" y sus numerosas variantes; grafitis; afiches con imágenes y/o textos, composiciones con recortes de moldes, etc. Por ejemplo, un póster informativo sobre el calentamiento de la Tierra.

B) ELEMENTOS MULTIMEDIA/INTERNET: publicar en la web del CEIP, en el Blog del Área, etc. un reportaje sobre la realización de la tarea, su evolución desde que iniciamos su construcción hasta el final. Por ejemplo, un reportaje en foto o vídeo sobre un juego dramático y el proceso seguido: elección de temática, diálogos, ensayos, debates, etc. Digitalizar lo realizado y difundirlo a través de las Apps: "Fotobabble", Chatterpix, Tellagami, Blabberize, Snowroll, etc.

C) OBJETOS: Muñecos, títeres, "box-book", marionetas, figuras de cartulina, goma EVA, MDF, FOAMI, fieltro, etc. Manualidades y maquetas diversas de panel o conglomerado de madera, plancha fina de cartón piedra, DM, etc. Láminas de metacrilato, plásticos diversos, etc. Por ejemplo, un esqueleto con los principales huesos y articulaciones humanas.

EJEMPLOS SECUENCIADOS DE TAREA →ACTIVIDAD →EJERCICIO → P.S.R.

Señalamos seis ejemplos de diversa índole donde relacionamos cada tarea con sus actividades y a éstas con sus correspondientes ejercicios.

1º EJEMPLO: SOBRE UNA ACTIVIDAD EXTRAESCOLAR.

TAREA:
Organizar la salida extraescolar programada (citada en el Plan de Centro): "Semana Blanca", a finales de febrero, en Sierra Nevada (Granada).

ACTIVIDADES

- Consensuar un escrito de solicitud a la AMPA para que colabore con rifas y similares.
- Redactar petición de subvención a la delegación de deportes del Ayuntamiento.
- Hacer los presupuestos: autocar, hostal, alquiler de material, comida, contrato de monitores, etc. y procedemos a repartir los costes.
- Redactar y distribuir la hoja para la autorización familiar de asistencia al viaje.
- Controlar el saldo (debe/haber) continuado
- Averiguar lo aportado por cada alumno/a
- Comprobar si es preciso devolver a cada alumno/a parte de lo ya pagado o, al contrario, aún queda algo por aportar.
- Realizar contactos a través de mail con una empresa de servicios deportivos de Granada por si nos oferta una opción de organización globalizada directa e interesante.
- Equipación personal: protecciones contra el frío, gafas, gorro, guantes, etc.

EJERCICIOS

- Durante el proceso, el alumnado tiene que redactar y hacer operaciones matemáticas: sumas, restas, etc. necesarias para el ajuste presupuestario.
- Localizar en un mapa el trayecto e ir calculando kilómetros de población a población.
- Previsión del tiempo de viaje en función de la velocidad.
- Practicar las habilidades específicas del esquí: equilibrio postural base, deslizamiento en cuña, giros, posición en paralelo, remontes, etc.

PRODUCTO SOCIAL RELEVANTE (P.S.R.) O TAREA INTEGRADA TERMINADA

El P.S.R. será publicar el foto-vídeo montaje, realizado durante el proceso, en la Web del CEIP: redacción de solicitudes, presentación en el Ayuntamiento, reuniones con la AMPA, hoja de cálculo, fotos de escenas en la nieve, durante el viaje, entre otros posibles.

2º EJEMPLO: SOBRE UNA ACTIVIDAD COMPLEMENTARIA.

TAREA

Juegos populares y tradicionales en el polideportivo municipal con motivo de la "Semana Cultural de Andalucía".

ACTIVIDADES

- Hacer itinerario y plan para ir a la cancha donde vamos a jugar; planificar el calentamiento, la táctica, las jugadas; hacer los tickets de entrada, el póster publicitario, darlo a conocer en redes sociales, manejo de las herramientas para edición del video, etc.
- Redactar petición de permiso para entregar al concejal de Cultura y Deportes.
- Asamblea para conocer y debatir nuestra cultura lúdica popular: juegos del pasado olvidados, por ejemplo, la comba…
- Búsqueda de juegos populares y tradicionales del pasado, preguntando a abuelos y bisabuelos.

EJERCICIOS

- Ensayo de los juegos y su posterior realización con las habilidades motrices más habituales: tiros, conducciones, etc.

PRODUCTO SOCIAL RELEVANTE (P.S.R.) O TAREA INTEGRADA TERMINADA

Grabamos en video su proceso y unos minutos de la exhibición para, posteriormente, editarlo y publicarlo en la web del centro. Realizar un fichero digital con el desarrollo y características de cada uno.

Otro producto puede ser un póster tipo "lapbook" con tres sobres, que contienen fichas con los tipos de juegos populares (cuerda, pelota, puntería), para que el grupo que lo desee pueda practicarlos también.

3º EJEMPLO: FABRICACIÓN DE MÁSCARAS DE CARNAVAL.

TAREA

Máscaras a lucir en el "carnaval del cole".

ACTIVIDADES

- Búsqueda de información en la enciclopedia de la Biblioteca del CEIP y en portales de Internet donde se explique la historia y tipos de carnaval, sus diferencias, modelos y estilos de máscaras, etc.
- Informarse de cómo se realizan; compra de materiales: cartulinas, pegamento, rotuladores, goma E.V.A., etc.
- Debatir y consensuar los modelos/estilos a realizar.

EJERCICIOS

- Confección de las máscaras individuales.
- Juegos gestuales con las máscaras.
- Mimodrama, etc.

PRODUCTO SOCIAL RELEVANTE (P.S.R.) O TAREA INTEGRADA TERMINADA

Exponer las máscaras construidas/fabricadas en la S.U.M., usando la técnica del "box-book"

4º EJEMPLO: SOBRE UNA ACTIVIDAD DE EXPRESIÓN.

TAREA

Representación de un "**Lip Dub**" (doblaje de labios).

ACTIVIDADES

- Planificar la canción a representar.
- Organizar los espacios, vestuarios, itinerarios, soportes audiovisuales y otros materiales diversos tales como cartulinas, telas, paneles de madera, objetos manipulables, colchonetas, maquillaje, goma E.V.A., etc.
- Repartir los roles y organizar los sub grupos.
- Hacer el póster publicitario, darlo a conocer en redes sociales, manejo de las herramientas para edición del video, etc.

EJERCICIOS

- Los ensayos en sí: frente al espejo, coordinar los movimientos de los labios con la canción y, posteriormente, ésta con el movimiento corporal.
- Realización de combinaciones de acciones/espacios, etc.

PRODUCTO SOCIAL RELEVANTE (P.S.R.) O TAREA INTEGRADA TERMINADA

Se trata de realizar un vídeo musical por grupos de alumno/as que sincronizan sus labios, gestos y movimientos con una canción popular o cualquier otra fuente musical. Publicar el vídeo en la web del CEIP para que lo vea toda la Comunidad Educativa. También es posible representarlo como una actividad más durante la "Semana Cultural", pero grabándolo para que quede constancia en la web del Centro o en el Blog del Área.

5º EJEMPLO: SOBRE LOS BENEFICIOS QUE NOS REPORTA LA COOPERACIÓN.

TAREA

Diferenciar el trabajo individual del trabajo colaborativo

ACTIVIDADES

- Preparar y realizar entrevistas al alumnado de otros cursos acerca de sus preferencias sobre las fiestas de Halloween, Navidad, Semana Santa o Feria.
- Estudio estadístico sobre la cantidad de alumnos que prefieren participar en una u otra celebración.

EJERCICIOS

- La propia composición de las preguntas. Redactar el cuestionario en un procesador de textos. Imprimir los documentos. Tratamiento de la información.

PRODUCTO SOCIAL RELEVANTE (P.S.R.) O TAREA INTEGRADA TERMINADA

Póster tipo "lapbook" sobre los beneficios del trabajo cooperativo. Sus diferencias con el trabajo individual. No tenemos que circunscribirnos al ámbito escolar, debemos abarcar a nuestro contexto social, como es la cooperativa olivarera, agraria, etc.

El "lap-book" lo colocaremos en la sala de visitas del centro y de esta manera será accesible a toda la Comunidad Educativa.

6º EJEMPLO: PIRÁMIDE DE ALIMENTOS.

TAREA

La pirámide alimenticia, resaltando alimentos aconsejados/desaconsejados.

ACTIVIDADES

- Leer textos en webs sobre alimentos saludables y contraproducentes.
- Clasificarlos a partir de los dibujos de los mismos.
- Consensuar y realizar por escrito un modelo de "dieta mediterránea" para tres días.

EJERCICIOS

- Copiar en el cuaderno los alimentos que hemos ido citando durante la UDI, justo al lado del dibujo del mismo.
- Decidir y escribir el menú del día 1, 2 y 3.
- Colorear los dibujos de las frutas diferenciando su color, sabor, forma...

PRODUCTO SOCIAL RELEVANTE (P.S.R.) O TAREA INTEGRADA TERMINADA

Realización de un infograma o infografía. Es una representación gráfica generalmente acompañada de tablas, gráficos, mapas, diagramas, etc. y usado para comunicar rápida y fácilmente información compleja. La realizamos ayudándonos de aplicaciones multimedia, tales como "Power Point", "PiktoChart", "Canva", "Easel.ly", "Creately", etc.

Recortamos las gráficas, diagramas, esquemas, etc., así como sus correspondientes "pie de textos", para componer un póster y exponerlo en el vestíbulo.

4.- Atención a la diversidad.

El término alumnado con necesidades específica de apoyo educativo aparece en la LOE/2006/2013 (texto consolidado). Engloba, no sólo al alumnado con N.E.E. (discapacidad física, psíquica, sensorial o graves problemas de conducta, TDAH) sino también a los descompensados socio-cultural, los de altas capacidades, los de incorporación tardía al sistema educativo y todos aquellos que en cualquier momento del proceso-enseñanza-aprendizaje necesitan un **apoyo temporal**.

Esta misma ley, en su art. 71.1, manifiesta el compromiso de las Administraciones educativas para disponer los medios necesarios para que todo el alumnado alcance el **máximo** desarrollo personal, intelectual, social y emocional, así como los objetivos establecidos con carácter general en la citada ley.

Es la **O. 25/07/2008,** texto consolidado 2016, la que regula la atención a la diversidad del alumnado que cursa la educación básica en los centros docentes públicos de Andalucía y al diseño de sus programas de refuerzo y adaptación curricular nos remitiremos.

En Andalucía, además debemos atender a las **Instrucciones de 8 de marzo de 2017**, que nos dice que el **grupo** de "alumnado con necesidades específicas de apoyo educativo" está compuesto por **cuatro categorías:**

TABLA 5. Alumnado con necesidades específicas de apoyo educativo.

ALUMNADO CON NECESIDADES ESPECÍFICAS DE APOYO EDUCATIVO	
1. ALUMNADO CON NECESIDADES EDUCATIVAS ESPECIALES	
1.1. Trastornos graves del desarrollo	Retrasos evolutivos graves o profundos Trastornos graves del desarrollo del lenguaje Trastornos graves del desarrollo psicomotor
1.2. Discapacidad visual	Baja visión Ceguera
1.3. Discapacidad intelectual	D. I. leve D. I. moderada D. I. grave D. I. profunda
1.4. Discapacidad auditiva	Hipoacusia Sordera
1.5. Trastornos de la comunicación	Afasias Trastornos específicos del lenguaje: • Expresivos • Mixtos • Semántico-pragmático Trastornos de habla: • Disartrias • Disglosias • Disfemias
1.6. Discapacidad física	Lesiones de origen cerebral Lesiones de origen medular Trastornos neuromusculares Lesiones del sistema osteoarticular
1.7. Trastornos del Espectro Autista	Autismo Síndrome de Asperger Síndrome de Rett Trastorno desintegrativo infantil Trastorno generalizado del desarrollo no especificado

ALUMNADO CON NECESIDADES ESPECÍFICAS DE APOYO EDUCATIVO	
1.8. Trastornos graves de conducta	Trastorno disocial Trastorno negativista desafiante Trastorno de comportamiento perturbador no especificado
1.9. Trastorno por déficit de atención con o sin hiperactividad	TDAH: Predominio del déficit de atención TDAH: Predominio de la impulsividad - hiperactividad TDAH: Tipo combinado
1.10. Otros trastornos mentales	
1.11. Enfermedades raras y crónicas	
2. ALUMNADO CON DIFICULTADES DE APRENDIZAJE	
2.1. Dificultad específica de aprendizaje	D. E. en el aprendizaje de la lectura o dislexia D. E. en el aprendizaje de la escritura/disgrafía D. E. en el aprendizaje de la escritura o disortografía D. E. en el aprendizaje del cálculo o discalculia
2.2. Dificultad de aprendizaje por retraso en el lenguaje	
2.3. Dificultad de aprendizaje por capacidad intelectual límite	
2.4. Dificultades del aprendizaje derivadas de trastorno por déficit de atención con o sin hiperactividad.	
3. ALUMNADO CON ALTAS CAPACIDADES INTELECTUALES	
3.1. Sobredotación intelectual	
3.2. Talento simple	
3.3. Talento complejo	
4. ALUMNADO QUE PRECISA DE ACCIONES DE CARÁCTER COMPENSATORIO	

Al hilo de lo anterior, debemos entender que la respuesta a la diversidad debe ser una **responsabilidad compartida** entre los distintos niveles de actuación: Administración, currículo, centro y aula, y tal corresponsabilidad se concreta en estrategias y medidas con diferente carácter, recogidas en la Orden antes citada y que destaca estrategias de apoyo y refuerzo así como programas de adaptación curricular y programas de refuerzo educativo.

Sobre esta base, las **medidas genéricas** que llevaremos a cabo con este alumnado, son:

1.- Utilizar materiales y recursos variados e innovadores con base en las TIC.

2.- Establecer un seguimiento riguroso de enfoque práctico de la enseñanza, diversificando, también los métodos de evaluación.

3.- Implementar el Plan de Atención a la Diversidad: programas de refuerzo, ACS y ACNS, PECAI, ACAI, entre otros.

4.-Implementar actividades variadas, que se ajusten al momento y den respuesta a las dificultades encontradas.

En cuanto a la formación de grupos a tener en cuenta con este alumnado, deben ser lo más **inclusivos** posibles y en ese sentido nos lo indica la O. ECD/65/2015 en su Anexo II, cuando recomienda el aprendizaje **cooperativo**. Se trata de un tipo de agrupamiento que hace referencia al uso didáctico de equipos de trabajo reducidos, en los cuales los alumnos/as trabajan juntos para maximizar su propio aprendizaje y el de sus compañeros de equipo (Johnson y Johnson 1999), citados por Cañizares y Carbonero (2016-1-).

Los métodos de aprendizaje cooperativo necesitan la **heterogeneidad** de los alumnos y las alumnas. Es una metodología que no sólo reconoce la diversidad sino que obtiene de ella un beneficio instruccional. De hecho, sin diferencias entre los alumnos, no se puede llevar a cabo el aprendizaje cooperativo.

Por su parte, el establecimiento de **relaciones de colaboración y ayuda** entre los propios alumnos es un recurso de primer orden para facilitar el aprendizaje, el desarrollo de habilidades y conductas prosociales y el mantenimiento de un clima de respeto y valoración de las diferencias.

En el caso que tengamos en el grupo clase donde diseñemos la UDI algún alumno o alumna que padezca una necesidad especial o específica, como ambliopía, hipoacusia, etc. en este punto debemos matizar las **medidas** que contemplamos en cada UDI para adaptarle, de manera poco significativa habitualmente, los contenidos, las actividades y los ejercicios.

5. Actividad/es final/es. Tarea integrada terminada o producto social relevante (P.S.R.)

Las UDI poseen una **particularidad** esencial consistente en definir desde su principio una **tarea integrada** que debemos tener perfectamente precisada, convirtiéndose de este modo en el **eje central** de la Unidad. La tarea integrada es un conjunto de actividades estructuradas y conexionadas con objeto de conseguir un producto determinado, normalmente de gran aplicación a la vida social diaria. Por ejemplo, en una UDI relacionada con la salud, la tarea puede ser la realización de un muñeco de cartón articulado que hemos ido fabricando durante las sesiones de clase. Ahora es el momento de glosar el camino que hemos seguido en su realización y que ya anunciamos al comienzo.

Es producto porque se hace algo que no existía; **es social** porque participa el grupo clase y, en muchas ocasiones, colabora la familia y a veces la comunidad educativa, además de mostrarlo a ésta. **Es relevante** porque muestra, en lo posible, todos los aprendizajes llevados a cabo.

6.- Temporalización.

Consiste en señalar el **número** de **sesiones** que vamos a emplear en el desarrollo de la UDI. Este apartado resulta más completo si detallamos brevemente -en una frase- lo que vamos a realizar en cada una de las sesiones. Por ejemplo: lectura comprensiva sobre el paisaje rural y urbano, organizando al alumnado en grupos cooperativos.

El número de sesiones debe ser muy similar para todas las UDI. Estamos limitados por la carga lectiva oficial de cada área y asignatura y el número total de días lectivos.

7. Procesos cognitivos implicados o tipos de pensamientos que desarrollamos con las actividades.

Mediante el desarrollo de las actividades, trabajamos los distintos tipos de pensamiento indispensables para la adquisición de las Competencias Clave.

Presentamos una tabla-resumen de los distintos tipos de pensamiento extractado del "Proyecto COMBAS" (2011), del MECD y el "Proyecto PICBA" (2011), de la CEJA. En la primera columna figuran los modos de pensar; en la segunda, los relacionamos con los tipos de contenidos (expresiones culturales). En la tercera, un ejemplo-tipo de actividad.

TABLA 6. *Tipos de pensamiento, expresión cultural relacionada y ejemplos de aplicaciones.*

TIPOS DE PENSAMIENTO	EXPRESIONES CULTURALES	EJEMPLOS DE TAREAS Y ACTIVIDADES
P. Reflexivo	Concepciones (mapas cognitivos). Reconocer nuestras ideas y revisarlas a posteriori.	Exponemos en debate lo que pensamos sobre... Hacer un listado de los deportes favoritos razonando las causas por las que se ha elegido.
P. Analítico	Datos y hechos. Tras comprender una situación, organizamos los elementos que la conforman y determinamos sus interrelaciones	Búsqueda de datos, de información en Internet o enciclopedias. Organización de actividades para los "recreos inteligentes o activos". Observar un partido de fútbol en el recreo y controlar el tiempo que el balón no está en juego.
P. Lógico	Conceptos y reglas. Acontecimientos de la vida diaria. ¿Por qué...?	Interrogación didáctica. ¿Por qué...? Exponer las razones por las que...
P. Crítico	Razones e intereses. Distinguir entre lo moderado y no moderado. Indagar cosas y situaciones que los demás dan como positivas o negativas sin considerar.	Observar y anotar hechos violentos en películas que vemos en televisión en horario infantil.
P. Creativo	Diseño. Nuevas formas e ideas.	Innovar, crear, inventar. ¿Cómo podemos construir una nave que viaje...? Diseñar lemas para el grupo. ¿Qué actividades propones organizar durante los recreos?

TIPOS DE PENSAMIENTO	EXPRESIONES CULTURALES	EJEMPLOS DE TAREAS Y ACTIVIDADES
P. Sistémico	Modelos y teorías. Interacción de todos los elementos que se combinan para que se produzca un hecho. Relacionar teorías distintas.	Significar la realidad, como mapas temáticos. Relaciones entre los árboles y primavera/invierno.
P. Analógico	Metáforas y modelos. Relacionar el conocimiento actual con el siguiente. Atribuir a un fenómeno u objeto desconocido peculiaridades de otro parecido que conozcamos	Búsqueda de similitudes para comprender mejor. ¿Por qué creemos que llamamos a determinados programas de TV, "telebasura"?
P. Deliberativo	Criterios y normas. Tomar la mejor opción entre varias posibles.	Formular condiciones previas para decidir mejor. ¿Cómo podemos solucionar un conflicto surgido...? Pensar en los criterios a defender en un debate con otros grupos sobre...
P. Práctico	Técnicas y programas. La decisión óptima, económica y fácil para automatizarla. Elaborar un producto tras recibir previamente información e instrucciones.	Ordenar las acciones a realizar para organizar bien una actividad extraescolar. Organizar mi agenda semanal.

8. Metodología.

El R.D. 126/2014, define metodología didáctica como el "conjunto de estrategias, procedimientos y acciones organizadas y planificadas por el profesorado, de manera consciente y reflexiva, con la finalidad de posibilitar el aprendizaje del alumnado y el logro de los objetivos planteados".

Es la forma de **encaminarnos** hacia un fin o propósito, la manera específica de impartir nuestra acción docente. Debemos expresar pautas metodológicas concretas. Podemos tomar como referencia las orientaciones metodológicas del área y, por supuesto, las nuestras porque debemos dominar mejor que nadie cómo aplicar y organizar las enseñanzas con ese grupo en función de sus peculiaridades. Por ejemplo, significativa, indagatoria, participativa, **cooperativa**, donde el alumno es el centro del proceso, globalizada, lúdica, motivadora, etc. Nuestro rol es el de guía del proceso, debiéndonos olvidar de la tradicional "clase magistral", poco motivadora en estas edades.

Toda nuestra metodología debe estar **contextualizada** además de ser "**activa**". Es decir, ellas y ellos juegan un papel dinámico escuchando, proponiendo, respondiendo a cuestiones y dando respuesta a los problemas que les planteamos y **vivenciando** el aprendizaje, sobre todo cuando hacemos una actividad complementaria o extraescolar. Es decir, lo contrario a una metodología "directa o pasiva", donde el alumnado se limita a escuchar y obedecer como un "autómata" las consignas del docente. La O. ECD/65/2015, Anexo II, recomienda estrategias metodológicas **activas e interactivas**.

Por su parte, la O. 17/03/2015, BOJA nº 60, de 27/03/2015, en el punto 4, "Desarrollo curricular" de las áreas, expone una serie de "**orientaciones metodológicas** y **ejemplificaciones**" que podemos aprovechar parcial o totalmente. (Ver el detalle concreto de las páginas donde está recogido en la Tabla 4).

En este sentido, el alumnado tiene un papel de **protagonista** de su propio aprendizaje resolviendo los problemas que les planteamos. Por ejemplo, ¿cómo podemos distinguir animales salvajes de los domésticos? También ellas y ellos deben cooperar con los demás miembros del sub-grupo en la elaboración de una propuesta didáctica, como experimentar el "ciclo del agua".

Suele ser un **error** habitual que en este apartado manifestamos realizar una metodología indagatoria y, en cambio, en el enunciado de las actividades y ejercicios, son de índole directiva, por lo que demostramos una falta de coherencia.

No debemos olvidar que en los primeros años del siglo XXI irrumpieron las TIC en el sistema de enseñanza. El desarrollo veloz con que se han ido imponiendo ha hecho que, prácticamente, en todas las áreas y asignaturas las tengamos en cuenta. Bien usado el portátil, tableta o similar, así como programas, aplicaciones, bases de datos, portales, etc. nos son de gran ayuda (Bazarra y Casanova, 2016).

Quizás, a partir del curso 2014/15 fue un hecho el uso habitual, cuando no diario, de las TIC en nuestras didácticas. En este sentido, debemos citar en este apartado de la UDI la utilización que vamos a realizar de estas "**nuevas metodologías**".

Así, cada vez son más populares diversos modelos didácticos de vanguardia que se basan en el uso de todos estos medios multimedia, y que conviven con las metodologías tradicionales.

A modo de resumen podemos citar a los siguientes como los más frecuentes, si bien reconocemos que su variedad e innovación parece no tener fin (Cañizares y Carbonero, 2018 -1-):

- FLIPPED CLASSROOM (FC) O AULA INVERTIDA.
- APRENDIZAJE POR PROYECTOS (ApP).
- APRENDIZAJE COOPERATIVO.
- GAMIFICACIÓN O LUDIFICACIÓN.
- APRENDIZAJE BASADO EN PROBLEMAS (ABP).
- DESIGN THINKING (DT) O PENSAMIENTO DE DISEÑO.
- THINKING BASED LEARNING (TBL) O APRENDIZAJE BASADO EN EL PENSAMIENTO.

9. Agrupamientos.

La forma de **distribuir** el grupo de clase es un componente metodológico más e íntimamente relacionado con la organización grupal. Las clases se han estructurado tradicionalmente considerando el grupo como un todo. Sin embargo, la normativa nos dice que la **alternativa didáctica** de dividir al grupo-clase distribuyéndolo en **sub-grupos** es mejor, porque así podemos responder más satisfactoriamente sus necesidades.

Debemos citar los agrupamientos del alumnado. Los pequeños grupos están relacionados con la enseñanza **cooperativa** e indagatoria, por lo que debemos **favorecerlos**. La individual queda para determinados aprendizajes muy concretos.

¿Qué debemos considerar a la hora de **organizar** el grupo clase de tal manera que cada sub grupo tenga las mismas oportunidades? Zagalaz, Cachón y Lara (2014), indican las siguientes **pautas**:

- Tiempo de duración de las agrupaciones
- Quién toma la decisión de los agrupamientos

- Su composición numérica
- Criterios para su distribución: aspectos sociales, de aprendizaje, etc.
- Disposición del grupo: formales o geométricas, informales y mixtas.

A partir de lo expuesto, podemos **concretar numéricamente** estos agrupamientos:

- **Organización individual**. Cada alumno realiza la actividad sin ayuda de otro. Por ejemplo, pruebas escritas.

- **Organización en parejas**. La tarea necesita la colaboración de dos, como el "dominó matemático" con una metodología basada en la gamificación.

- **Organización en grupos cooperativos**. De cuatro a seis para, por ejemplo, hacer un experimento de lluvia en laboratorio sobre el ciclo del agua, taller de resolución de problemas o taller de lectura comprensiva.

- **Organización en sub-grupos (grupos coloquiales)**. Alrededor de ocho componentes. Por ejemplo, debates entre sub-grupos con técnicas tales como juegos de rol, investigación jurídica o técnica del juicio, etc. Esta organización también es muy usada en los "recreos inteligentes, dinámicos, inclusivos o saludables.

- **Organización global del grupo**. Ya son todas y todos quienes trabajan al unísono, por ejemplo al hacer una coreografía o ver una película para posterior debate.

No obstante, ante diversas situaciones didácticas, nos puede interesar mejor el **control** que los docentes ejercemos sobre el grupo. En este caso distinguimos **tres** posibilidades:

- **Formal**. Se corresponde con las disposiciones geométricas tradicionales que están hoy día en desuso, salvo excepciones. Tuvieron mucha importancia hace décadas porque se partía de la base que las agrupaciones simétricas y rigurosas facilitaban el binomio enseñanza-aprendizaje, pero el empleo de modelos basados en el descubrimiento han hecho **coexistir** ambas tendencias. El docente tiene todo predeterminado y las organizaciones son rígidas.

- **Semiformal**. Cuando el profesor controla una parte y las disposiciones no son excesivamente rígidas. Es la más utilizada y se consigue un clima favorable, permitiendo la intervención pedagógica del docente asegurando una buena participación. Por ejemplo, actividades con el uso de ordenadores portátiles.

- **Informal**. Cuando el alumno goza de mayor libertad. Se usa cuando hay mucha confianza con el grupo o cuando utilizamos estilos de índole indagatoria. Por ejemplo, dispersa y libre como se da en los recreos y otros segmentos de ocio.

Debemos ser **coherentes** cuando señalemos la organización grupal de las UDI para que se relacione con los demás elementos metodológicos y la propia metodología especificada en la Programación Didáctica.

10. Contextos o ámbitos y escenarios.

Los **espacios** son los **sitios** donde enseñamos, que pueden ser **propios** como el aula habitual o el patio, etc. **Ajenos**, como un cine para realizar una actividad complementaria. **Cedido**, como el

Centro Cívico del barrio o la piscina municipal, pabellón; etc. Distinguimos **otros espacios**, como los usados en una **sesión** estándar: espacios total; de actividad; de tránsito; neutro. Los espacios incluyen **instalaciones fijas**, como pizarras tradicionales o digitales, mesas y sillas, etc.

Al referirnos a los "espacios", con la realización de las **UDI** aparecen en la bibliografía especializada otros términos relacionados:

a) "**Contextos o Ámbitos**": todo aquello que rodea, física o figuradamente, a un hecho, como es el educativo.

b) "**Escenarios**": lugar específico en el que se desarrolla la acción didáctica.

Destacamos:

- **Ámbito o Contexto Escolar**. El **colegio** con sus múltiples **escenarios**:
    - Aula **de referencia** del grupo para tratar contenidos más conceptuales, coloquios, etc.
    - Aula de **Informática** para todo lo que signifique multimedia, aunque el aula habitual puede sustituirla en muchos casos porque cuenta con equipamiento portátil, la pizarra digital, etc.
    - Aula de **Motricidad**, o Gimnasio, S.U.M., etc.
    - **Biblioteca**
    - Aulas **externas** al edificio o **patios, pistas deportivas** exteriores, **porches**, etc.

- **Ámbito o Contexto Personal**. El alumno/a trabaja solo/a: lee, escribe, investiga de forma individual.

- **Ámbito o Contexto familiar.** Chicas y chicos trabajan en casa y se ayudan de las aportaciones de su familia, Internet, libros, etc.

- **Ámbito o Contexto Socio comunitario.** Tiene lugar fuera del centro. Normalmente es un medio motivador para el alumnado, ya que con ello rompe el espacio único que le supone el aula. Ejemplos:

    o Piscina o polideportivo municipal, museos, salas de exposiciones, etc.

    o Aula de la **Naturaleza**, como es un parque cercano local o periurbano, o las pistas de esquí en caso de tratarse de una actividad extraescolar. También incluimos la propia calle si es el caso de colaborar o participar en una carrera popular.

    o Biblioteca pública.

11. Recursos.

Debemos entenderlos como **mediadores** del proceso de enseñanza-aprendizaje. Si bien hasta ahora los "**recursos espaciales**" eran uno más de este grupo, ya los hemos ubicado en el punto anterior, habida cuenta la importancia que tienen hoy día.

Siguiendo a Cañizares y Carbonero (2016 -1-), señalamos a:

- **Recursos humanos** (docente, alumnado, maestros en periodo de prácticas, monitores, voluntarios -Comunidad de Aprendizaje-, etc.).

- **Recursos personales** (materiales propios de cada componente del grupo: cuaderno, útiles de escritura, etc.)

- **Recursos ambientales.** Es posible que también nos interese especificar lo que Blández (en Blázquez, 2016), califica como *"recursos ambientales"*, es decir, dotar al escenario donde vamos a desarrollar la sesión y/o UDI de elementos con calidez y texturas que **motiven** hacia la acción del aprendizaje.

- **Recursos materiales** o **didácticos** a usar por ser **indispensables** para la acción didáctica, como **mediadores** del proceso y normalmente aportados por el propio centro y no construidos de obra: pizarra de tiza o digital, juegos de matemáticas, terrarios, biblioteca de aula, juegos de letras, así como todos los **adaptados** al posible alumnado ANEAE que tengamos en el grupo donde apliquemos la UDI, como reflectores de luz, etc. No olvidar los recursos **reciclados** y elaborados por los propios alumnos/as, así como cuadernos, fichas, libros, etc. para las actividades de **lectura, escritura y expresión ora**l y medios **informáticos**.

En los últimos años tienen especial significación los recursos **Web**, por ejemplo para buscar en Internet contenidos sobre aspectos relacionados con la salud. Así pues, dada la importancia que tiene en nuestra sociedad y, por ende, en nuestros centros todo lo relacionado con los **recursos multimedia**, entendemos debemos significar el uso de las TIC a lo largo de la UDI, relacionándolo de una u otra manera. Es una línea de **investigación** que está en continua progresión y perfeccionamiento, por lo que todos los años aparecen **nuevas** posibilidades. Por tal motivo, ofrecemos un listado con las herramientas y plataformas más usadas (aulaplaneta.com):

- **Ludos**.- Plataforma desarrollada por el Ministerio de Educación (MECD). Contiene información y recursos interactivos del área de Educación Física de Primaria para profesores, alumnos, familias y público interesado en la materia: Unidades, blog de juegos, etc.

- **Build a body** (en inglés).- Herramienta interactiva que permite trabajar con nuestro alumnado los sistemas, aparatos y funciones del cuerpo humano en un ambiente lúdico.

- **Con la comida no se juega**.- Instrumento interactivo para tomar conciencia sobre la importancia que tiene una buena alimentación en nuestra salud.

- **Los valores están en juego**.- Interactivo desarrollado por la Junta de Andalucía para fomentar valores tales como la superación, la responsabilidad, el respeto, la solidaridad y la cooperación en el deporte.

- **Buscador de estiramientos**.- Página de la revista Runner's World que propone estiramientos para un buen número de músculos del cuerpo humano. Incluye gráfico, texto explicativo y video para cada uno de los ejercicios muy apropiado para el aprendizaje de las zonas musculares del cuerpo humano.

- **Edmondo**.- Es una herramienta educativa que conecta a docentes y alumnado y que se asimila a una red social.

- **Socretive**.- Es un sistema que permite al profesorado realizar ejercicios, exámenes o juegos educativos, para que el alumnado los resuelva a través de sus dispositivos móviles.

- **Animoto**.- Es una herramienta digital que permite crear videos de alta calidad en poco tiempo y desde cualquier dispositivo móvil, por lo que es muy socorrida a la hora de hacer **tareas** con vista a publicarlas en la Web del centro.

- **Kahoot**.- Es una plataforma educativa muy popular que se basa en juegos y en preguntas. Podemos colgar cuestionarios, discusiones o encuestas, como las propias para evaluar nuestra acción didáctica.

- **EducaPlay**.- Nos permite introducir la gamificación en el aula. En esta podemos crear materiales como crucigramas, sopas de letras, dictados, etc,.

- **ClassDojo**.- Es una aplicación donde creamos un avatar para cada alumno/a. A partir de aquí, establecemos recompensas por realizar comportamientos que deseamos premiar o puntos negativos para sancionar acciones no deseables, que se va reflejando en la puntuación de cada uno.

- **Idoceo**. Se trata de un "cuaderno tradicional", pero muy mejorado gracias a las posibilidades que nos ofrece la informática.

- **Tiching**. Es una red educativa que nos ofrece múltiples opciones genéricas y específicas.

- **App**. Las "App", del inglés *"application"*, son programas adaptados especialmente a dispositivos tales como "tablets" o tabletas y a teléfonos móviles, del tipo "smart" o inteligente. Son más dinámicas que los programas tradicionales, por lo que nos proporcionan mayor operatividad. Además, son muy fáciles de descargar y, normalmente, gratuitas o a costo muy bajo. Podemos afirmar que cada día parecen nuevas opciones en el mercado, en castellano y otros idiomas. En este sentido, en muchos centros se optan por las que tienen el **inglés** como idioma base. Debemos **conocerlas** y **ensayar** antes de tomar la **decisión** de usarlas como **recurso** educativo.

- **Ejemplos de App aplicadas a LCL**. Sobre la mejora en ortografía: "Los cazafaltas", "94 segundos", "Mr. Mouse", "Tips de ortografía", "Curso de ortografía de Librotecstar". Sobre la mejora de la gramática: "Gramática española", "Analizador morfosintáctico". Sobre mejora en las conjugaciones: "Conjugador de verbos españoles", "Verbos españoles", VerbForms". Sobre la mejora en la expresión oral: "Pixton", "Storybird", "Spreaker", "Aprender a escribir". Además, la aplicación del Diccionario de la RAE.

- **Ejemplos de App aplicadas a MAT**. "Bedtime Math", "Geometría Montessori", "Mathbit", "Smartick", "Rey de las Matemáticas".

- **Ejemplos de App aplicadas a GEO**. "Quiz-Juego de geografía", "Juego preguntas de geografía", "Juego geográfico en español", "National Giraffic".

- **Ejemplos de App aplicadas a CN**. "Exp Caseros Kids", "Full Experimentos", "Kids CSIC".

- **Ejemplos de App aplicadas a CON**. "Castle Blocks", "Para aprender los alimentos".

Debemos **advertir** que, en ocasiones, muchos de los recursos necesarios para trabajar las actividades y ejercicios no los relacionamos. Pero también ocurre lo contrario, es decir, tenemos una rutina de nombrar recursos materiales que no se ajustan a las actividades de la UDI. Así pues, los recursos que consignemos en este apartado debemos después **mencionarlos** al establecer las **actividades y ejercicios**.

D) VALORACIÓN DE LO APRENDIDO → ¿Qué ha aprendido el grupo y cómo lo hemos enseñado?

1. **Estándares de aprendizaje evaluables relacionados con los criterios de evaluación y objetivos.**

El "**Mapa de Desempeño de cada área**" (O. 17/03/2015 (Anexo I, vigente por la Instrucción 12/2019 de 27 de junio), del BOJA nº 60, de 27/03/2015), presenta la concreción de los objetivos de cada una de las áreas a través de los **criterios** de evaluación **por ciclos**, y su **relación** directa con los **criterios** de **evaluación** de **etapa** y **estándares** de aprendizaje evaluables, definidos en los Anexos I y II del Real Decreto 126/2014, de 28 de febrero, por el que se establece el currículo básico de la Educación Primaria. Ver en la **Tabla 3** las páginas del **BOE** donde están publicados. Ver en la **Tabla 4** las páginas del **BOJA** donde vienen recogidos los específicos para **Andalucía**.

Debemos citar, además de la anterior legislación, a la O. 04/11/2015, por la que se establece la ordenación de la evaluación del proceso de aprendizaje del alumnado de Educación Primaria en la Comunidad Autónoma de Andalucía (BOJA nº 230 de 26/11/2015).

Kahoot, Plickers, Socrative, Blicker, entre otras **herramientas informáticas**, nos son de gran ayuda para hacer la evaluación diagnóstica y formativa.

2. **Indicadores de logro.**

No es un término definido específicamente por la legislación, si bien deducimos se trata de una **concreción** del **estándar** de **aprendizaje** referida al nivel de alcance esperado por el docente en cada uno de sus alumnos y alumnas, de forma que se **integran** directamente en los procesos de evaluación y calificación. Van íntimamente ligados a las C. Clave. Para ello usamos diversos instrumentos, siendo las **rúbricas**, en este caso, las recomendadas por la legislación para valorar el **nivel de logro competencial** alcanzado.

*"Los niveles de desempeño de las competencias se podrán medir a través de indicadores de logro, tales como rúbricas o escalas de evaluación. Estos **indicadores de logro** deben incluir rangos dirigidos a la evaluación de desempeños, que tengan en cuenta el principio de atención a la diversidad"* (O. ECD 65/2015).

GRÁFICO 5. La concreción del criterio en estándar e indicador de logro.

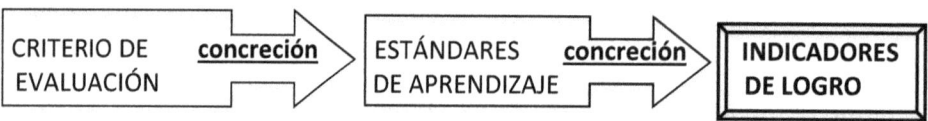

TABLA 7. Ejemplo de concreción desde el criterio hasta la rúbrica, sobre el aprendizaje de intercambios comunicativos.

CRITERIO DE EVALUACIÓN (LCL) C.E.1.1.: *"Participar en situaciones de comunicación del aula, reconociendo el mensaje verbal y no verbal en distintas situaciones cotidianas orales y respetando las normas del intercambio comunicativo desde la escucha y el respeto por las ideas, sentimientos y emociones de los demás."*
ESTÁNDAR DE APRENDIZAJE (LCL) STD.1.1.: *"Emplea el lenguaje oral con distintas finalidades (académica, social y lúdica) y como forma de comunicación y de expresión personal (sentimientos, emociones...) en distintos ámbitos".*
ACTIVIDAD PRACTICADA: Describir oralmente seres fantásticos, por grupos, respetando el turno de palabra, con un lenguaje adecuado al tema y representarlo mímicamente.
EJERCICIO PRACTICADO: Rellenar una tabla en la pizarra donde aparezcan los rasgos físicos personales, apariencia (cómo tiene los ojos, nariz, boca, pelo, brazos, tronco...), emociones, sentimientos...
INDICADOR DE LOGRO: *"¿Usa estrategias variadas de expresión?"*, relacionado con las Competencias Clave (CCL, CAA, CSYC).

3. Rúbricas o Matrices de Evaluación para valorar el aprendizaje.

Conviene especificar en este apartado los **instrumentos** a utilizar. Por ejemplo, rúbricas o matrices, lista de control, cuaderno del alumno, escalas de rango y algunos cuestionarios. La evaluación debe estar centrada en los tres momentos:

- Inicial: a partir de la actividad de evaluación de los conocimientos previos. Diagnosticamos la situación inicial con respecto al nuevo aprendizaje a tratar.

- Del proceso: a partir de las actividades de desarrollo, refuerzo y ampliación. Con esta información se detectan errores y se establecen los mecanismos para reconducir el aprendizaje.

- Final: a partir de las actividades de síntesis y de todas las anteriores. Se comprueba la eficacia del proceso.

La **rúbricas** como instrumento de evaluación son citadas en diversas ocasiones por la legislación nacional y autonómica, para conocer si nuestro alumnado ha conseguido alcanzar los objetivos propuestos y adquirir el nivel de competencia previsto (O. ECD 65/2015, art. 7).

TABLA 8. *Ejemplo de rúbrica sobre el uso de estrategias de expresión.*

RÚBRICA SOBRE EL USO DE ESTRATEGIAS DE EXPRESIÓN				
I. de Logro	EXCELENTE	BUENO	MÍNIMO	NO LOGRO
¿USA ESTRATEGIAS VARIADAS DE EXPRESIÓN?	Siempre expone o explica oralmente y de forma correcta, con un lenguaje apropiado y detallado, cómo son los seres fantásticos	En algunas ocasiones expone o explica oralmente y de forma correcta, con un lenguaje apropiado y detallado, cómo son los seres fantásticos	Necesita ayuda para exponer o explica oralmente y de forma correcta, con un lenguaje apropiado y detallado, cómo son los seres fantásticos	No alcanza a exponer o explica oralmente y de forma correcta, con un lenguaje apropiado y detallado, cómo son los seres fantásticos, incluso ofreciéndoles ayudas

En este apartado de la UDI debemos centrarnos en **ajustar** los indicadores de logro que la O. 17/03/2015 (Anexo I, vigente por la Instrucción 12/2019 de 27 de junio) indica en el punto 4: "Desarrollo Curricular de las áreas", (BOJA nº 60, de 27/03/2015). Ver en la **Tabla 4** las páginas donde vienen recogidos los de cada área.

TABLA 9. *Relación entre Competencia → Logro → Indicador de logro → Rúbrica.*

COMPETENCIA Es un saber hacer, su dominio; saber usar los conocimientos, sus procesos y valores. Como es implícita o inobservable, debemos recurrir a los indicadores del nivel de desempeño de competencia, que sí son perceptibles, notorios o visibles, para saber el nivel de desempeño de la competencia logrado.		
LOGRO El logro es el nivel de conocimiento alcanzado por un alumno en su proceso de aprendizaje. Son niveles de alcances esperados. Muchos logros hacen que el alumno alcance un nivel de competencia adecuado.	**INDICADORES DE LOGRO** El logro no es fácilmente observable, por lo que debemos acudir al "indicador" que, al ser observable, nos permite ver el nivel de logro alcanzado. Así pues, los indicadores de logros a través de indicios, evidencias, pistas, etc. nos hacen evidente el nivel de logro al que ha llegado ese alumno en relación a una competencia.	**EJEMPLO 1:** Logro → Diferenciar el lado derecho del izquierdo. **Indicador de ese logro →** Maneja el globo con la mano derecha o izquierda cuando se le pide. **EJEMPLO 2:** Logro → Conoce los grandes grupos musculares. **Indicador de ese logro →** Reconoce, ante una representación del cuerpo humano los cuádriceps, abdominales y pectorales.
RÚBRICA: Para evaluar todo ello usamos diversas herramientas que nos miden el nivel de logro alcanzado, siendo la rúbrica la más habitual.		

EJEMPLO DE RÚBRICA				
EVALUAR EL CONOCIMIENTO DE LOS GRANDES GRUPOS MUSCULARES				
INDICADOR	EXCELENTE	BUENO	MÍNIMO	NO LOGRO
Identifica los grandes grupos musculares humanos	Reconoce todos los grandes grupos	Reconoce casi todos los grandes grupos	Reconoce dos o tres grandes grupos	No es capaz de reconocer a ninguno

Son, pues, unas **herramientas** muy acordes para evaluar el aprendizaje por competencias y resultan indispensables con objeto de comprobar la eficacia o valor de la Unidad en su globalidad y de cada uno de sus componentes. A través de ella conocemos el grado de consecución de las intenciones educativas, el grado de logro competencial alcanzado.

También mencionamos a la *"diana de evaluación"*, que es un **instrumento** con un enfoque similar a las rúbricas, ya que es muy visual y participativo, donde el alumnado valora nuestra propia actividad docente, conjuntamente con los demás miembros del grupo.

Siguiendo a Sánchez (2016), la matriz o rúbrica **se compone** de: **Encabezado** (lo que vamos a evaluar: objetivo, habilidad, criterio, estándar, competencia, etc.); **Indicador** (cada objetivo o dimensión en que desglosamos el encabezado); **Escala de rango** (niveles o puntuaciones, normalmente de 1 a 4, de los grados de dominio adquirido); **Descriptor** (la definición de cada uno de los niveles del escalado o nivel de desempeño).

***TABLA 10**. Ejemplo genérico de rúbrica.*

	ENCABEZADO			
	4 EXCELENTE	**3 BUENO**	**2 MÍNIMO**	**1 NO LOGRO**
INDICADOR DE LOGRO 1	Descripción	Descripción	Descripción	Descripción
INDICADOR DE LOGRO 2	Descripción	Descripción	Descripción	Descripción

TABLA 11. *Ejemplo concreto de rúbrica sobre la actitud que un alumno muestra en el aula.*

RÚBRICA SOBRE ACTITUDES EN EL AULA				
	EXCELENTE	**BUENO**	**MÍNIMO**	**NO LOGRO**
ACTITUDES EN CLASE	Atento y participativo	Casi siempre atento y participativo	A veces despistado. Una vez le llamo atención	Descentrado. En muchas ocasiones es preciso llamar la atención.

TABLA 12. *Componentes de una rúbrica para evaluar el uso de las TIC en Ciencias de la Naturaleza, dentro UDI sobre las posibilidades que nos ofrece el entorno natural cercano.*

USO DE LAS TIC PARA INVESTIGAR JUEGOS A REALIZAR EN EL MEDIO NATURAL CUANDO VAYAMOS A ESTA ACTIVIDAD COMPLEMENTARIA				
Indicadores (objetivos)	Grados de dominio adquirido			
	4	3	2	1
Utiliza las TIC para descubrir juegos realizables en el medio natural.	Utiliza las TIC de forma autónoma usando diferentes herramientas en función del objeto de la búsqueda.	Utiliza las TIC de forma autónoma	Utiliza las TIC de forma guiada	Es incapaz de utilizar las TIC

TABLA 13. *Componentes de una rúbrica a usar como instrumento de evaluación ante un juego dramático.*

RÚBRICA A USAR COMO INSTRUMENTO O HERRAMIENTA EN LA EVALUACIÓN DE UN JUEGO DRAMÁTICO			
INDICADORES DE LOGRO	**EXCELENTE**	**BUENO**	**MÍNIMO**	**NO LOGRO**
TÍTULO DEL JUEGO ELEGIDO	Muy original, adecuado y creativo	Original, adecuado y con cierta creatividad	Poco original, y creativo	Ni original, ni creativo, además de inadecuado
INTERPRETACIÓN DEL GUIÓN	Expresan muy bien lo previsto en el guión previo	Expresan bien lo previsto en el guión previo	Poco expresivo el guión a representar	Lo realizado no expresa lo previsto en el guión previo
DECORADOS Y VESTUARIO	Muy adecuados. Concuerdan con la temática desarrollada	Adecuados. Concuerdan con la temática desarrollada	Son relativamente adecuados. Poca relación con la temática del juego	Inadecuados. No se corresponden con la idea del juego dramático

Hay una serie de **Apps** que nos facilitan su diseño: **RubiStar; Additio App; Erubric**; etc.

4. Criterios de calificación.

Los que vayamos a usar. Normalmente, son: Insuficiente; Suficiente; Bien; Notable; Sobresaliente (R.D. 126/2014).

5. Evaluación de la práctica docente (la acción didáctica).

Debemos señalar cómo vamos a evaluar nuestra propia práctica y qué instrumentos usaremos. Por ejemplo, escala de estimación para la autoevaluación del docente, lista de control para la conducta del docente, escala de actitudes del docente y un análisis del cuaderno de sesiones o de las fichas de las sesiones de la UDI, etc.

TABLA 14. *Modelo de cuestionario de evaluación al profesor por el alumnado.*

4: Muy bueno; 3: Bueno; 2: Regular; 1: Malo.

	ASPECTOS A VALORAR	4	3	2	1
1	¿Explicando la materia lo consideras claro?				
2	¿Facilita la participación del alumnado durante la clase?				
3	¿Las clases en general son amenas?				
4	¿Las actividades planteadas son variadas?				
5	¿Participa con el grupo?				
6	¿La información que nos da es difícil de entender?				
7	La atención a los problemas individuales es				
8	El control y la organización de la clase es				
9	Demostrando lo que hay que hacer es				
10	La nota final de evaluación es				
11	Su ritmo de trabajo es				
12	¿Atiende a los comentarios del alumnado?				
13	En sus clases el clima de convivencia es				
14	Lo que más te gusta de la forma de llevar las clases por parte del profesor, es: Y la que menos:				
15	¿Qué le aconsejarías al profesor para mejorar las clases?				

6. Evaluación de la UDI.

Una vez terminada cada UDI, debemos revisarla para comprobar su coherencia interna. No se trata de realizar la UDI con todos sus elementos curriculares de forma arbitraria, habida cuenta debemos perseguir que sus objetivos tengan relación con los contenidos y criterios de evaluación, las tareas con las actividades y los ejercicios, etc. Por ejemplo, debemos **reflexionar** sobre:

- ¿Hemos justificado razonadamente la UDI en el conjunto de las existentes para el curso de referencia? En este sentido, ¿está bien contextualizada?

- ¿Tiene coherencia con el resto de las UDI?

- Verificar que los objetivos de la Unidad se relacionan con los expresados para el curso en la Programación Didáctica, así como su correspondencia con los contenidos.

- Si los contenidos los secuenciamos relacionándolos con los objetivos y competencias.

- Si los contenidos están enlazados con las tareas/actividades/ejercicios.

- Si todo ello tiene afinidad con los criterios de evaluación, estándares de aprendizaje y los instrumentos a utilizar, como las rúbricas.

- ¿Hemos considerado adecuadamente la evaluación de nuestra propia acción didáctica?

- ¿Qué capacidades de las previstas lograron desarrollar los niños y las niñas? ¿Por qué?

- ¿Hemos citado claramente en la UDI la transversalidad y las relaciones con otras áreas y asignaturas?

- Comprobar las líneas metodológicas y su relación con la propuesta de actividades.

- En cuanto a las organizaciones, ¿hemos tenido en cuenta grupos cooperativos?

- ¿Qué grado de participación de los niños y niñas observamos en la sesión? ¿A qué se debe?

- ¿Realicé mi trabajo con entusiasmo y afectividad?, ¿cómo se hace esto evidente?
- ¿Generé un clima emocional positivo dentro del aula?
- ¿Hemos puesto actividades/ejercicios de motivación inicial, refuerzo, ampliación, etc.?
- ¿Las acciones propuestas respondieron a las capacidades, necesidades e intereses del grupo? ¿Cómo y por qué?
- ¿Son los recursos materiales, así como los contextos o ámbitos y escenarios adecuados, diversos y variados para estas actividades? ¿Los hemos señalado también en la Programación?
- ¿Cómo ayudó el uso del material para el logro previsto?
- ¿Tienen las tareas/actividades/ejercicios varios niveles de resolución/gradación, progresan en dificultad y respetan la individualización?
- ¿Hemos considerado actividades de lectura, escritura, expresión oral y uso de las TIC?
- ¿Hemos tenido en cuenta a la diversidad y más concretamente al alumnado con NEE?
- ¿Hemos corregido el estilo expresivo, ortografía, etc.?

Los ítems que señalamos en la tabla siguiente, responden en cierta manera a las exigencias de las administraciones educativas, si bien éstas lo realizan de manera más formal para incluirlo en la Evaluación de la Memoria Fin de Curso.

TABLA 15. *Preguntas que podemos hacernos los docentes para autoevaluarnos.*

a) ACTIVIDAD DOCENTE
1. ¿Preparo reflexivamente mi acción educativa?
2. ¿Hago un seguimiento personal a cada alumno?
3. ¿Utilizo adecuadamente los recursos del centro?
4. ¿Empleo una metodología activa en mis clases?
5. ¿Propicio y motivo la autoevaluación en mi alumnado?
6. ¿Respeto el ritmo de trabajo de cada uno?
7. ¿Comienzo las clases puntualmente?
8. ¿Hago las adaptaciones metodológicas y curriculares correspondientes?
9. ¿Reflexiono a diario sobre mi actividad docente?
b) INTERRELACIONES
10. ¿Soy autoritario o tolerante?
11. ¿Tengo ideas negativas previas hacia alguna alumna o alumno?
12. ¿Favorezco el diálogo y el planteamiento de nuevas alternativas en las clases?
13. ¿Colaboro en actividades con los compañeros?
c) FORMACIÓN CIENTÍFICO-DIDÁCTICA
14. ¿Leo habitualmente revistas digitales educativas?
15. ¿Conozco las líneas didácticas actuales?
16. ¿Acudo a actividades de formación científico-didáctica?

7. Coevaluación.

Nos referimos a la coevaluación grupal como aquella que realizan entre ellos los propios miembros del grupo. La evaluación del grupo que trabaja cooperativamente, por ejemplo el que hemos formado para la realización práctica de la tarea (P.S.R.) -entre otros trabajos-, la efectuamos a través de un cuestionario con pautas de evaluación grupal.

E) COLABORACIÓN CON LA FAMILIA → ¿Cómo están implicadas las familias en la UDI propuesta?

1. Procesos de implicación de las familias en el desarrollo de la UDI y comunicación durante el proceso.

Que los padres se integren en el proceso de la educación de sus hijos permitirá optimizar la intervención educativa. Una vez diseñada la estructura de la Unidad, proponemos un trabajo de colaboración al que contribuyan los diferentes miembros de la comunidad educativa, de forma muy especial las familias, para tratar de integrar los esfuerzos de padres, madres, AMPA y Consejo Escolar en el diseño y desarrollo de las programaciones y para su puesta en marcha.

Esto se hace más necesario en el **diseño** de las **tareas**, toda vez que en muchas ocasiones deberemos pedirles su colaboración en actividades complementarias, como una visita a la piscina climatizada municipal; solicitarles información sobre los juegos populares que practicaron; intercambio de información a través de la aplicación "*Ipasen*", ya que ésta es la versión para móviles y tabletas de PASEN, el módulo de Séneca que permite la **comunicación** entre los **centros** educativos y las **familias**, tutores legales y alumnado, ofreciendo una serie de funcionalidades tales como asistencia, actividades extraescolares, evaluaciones, comunicación con tutor, a través de la tutoría electrónica (O. 20/06/2011).

Las medidas de participación de la familia sólo son efectivas cuando las **relaciones** familia-escuela se desarrollan en un clima de cordialidad y colaboración, situación que no siempre existe en los centros escolares, ya sea por la falta de comunicación o por la incomprensión de unos y otros hacia estos mecanismos de contribución. Todo ello viene regulado por la O. 20/06/2011, por la que se adoptan medidas para la promoción de la convivencia en los centros docentes sostenidos con fondos públicos y se regula el derecho de las familias a participar en el proceso educativo de sus hijos e hijas, modificada por la O. 28/05/2015.

Muchas de las actividades y programas que se llevan a cabo en los centros educativos pueden y deben realizarse en el ámbito de la familia, por ejemplo sobre alimentación saludable. Esta cuestión, que es importante con cualquier alumno/a, se hace imprescindible cuando éste/a presenta algún tipo de dificultad o discapacidad. Madres y padres son los primeros y principales agentes de la educación de su hijo/a, y juegan un rol primordial desde su edad temprana, habida cuenta son las personas que disponen de más oportunidades para influir en el comportamiento y favorecer su desarrollo. Así, cuando las familias están implicadas en los programas de intervención, el mantenimiento y generalización de los aprendizajes hechos por el niño/a tienen más posibilidades de producirse y consolidarse.

Por otro lado, tiene grandes ventajas para los propios padres/madres, pues necesitan sentirse útiles frente a su hijo/a, ser capaces de afrontar el problema y saberse competentes para aportar soluciones, y esto es probablemente uno de los sistemas más eficaces de apoyo para sí mismos. Se trata de orientarlos hacia una colaboración coherente y serena, que redunde en beneficios hacia su hijo/a.

- Esta colaboración-participación directa debería entenderse de una manera interactiva, de forma que las familias fueran las colaboradoras de los docentes para la conquista de los objetivos educativos que se plantean y, al mismo tiempo, los profesores fueran aliados de los padres y madres en su tarea educativa. En ello ayuda mucho la posibilidad de usar las plataformas educativas como medio de relación y comunicación.

La necesidad de establecer una estrecha colaboración entre padres y profesionales (profesores, médicos, psicopedagogos, etc.) viene fundamentada en que todos disponen de los elementos de información esenciales para optimizar la intervención. Las familias son quienes mejor conocen a sus hijos/as, así como el ambiente en el que crece, y los profesionales dominamos los principios, estrategias y métodos generales de intervención, así como los tratamientos en torno a la discapacidad.

En resumen, durante el diseño de la estructura de la UDI, debemos señalar cauces o líneas de trabajo y colaboración con los diferentes miembros de la comunidad educativa, de forma muy especial las familias, para tratar de integrar sus esfuerzos en el diseño y desarrollo de las programaciones y para su puesta en marcha.

Suscribir **compromisos educativos** y de **convivencia** sería un ejemplo de esta colaboración (O. 22/06/2011), además de una prescripción normativa cuando se considere necesario.

FUENTES DOCUMENTALES UTILIZADAS. Debemos señalar las fuentes que hemos usado para su confección, como textos bibliográficos, legislativos y multimedia.

5. TABLA RESUMEN DE LOS CONCEPTOS DE CADA ELEMENTO QUE COMPONE LA UDI

TABLA 16. *Resumen de los apartados que componen la UDI.*

TABLA RESUMEN DE LOS CONCEPTOS DE CADA ELEMENTO QUE COMPONE LA UDI	
A) PRESENTACIÓN / IDENTIFICACIÓN: datos de identidad de la UDI.	
1. Numeración y otros datos identificativos.	Referencias mínimas para delimitarla. Su número de orden.
2. Título de la UDI.	Su nombre o cabecera
3. Introducción-Justificación, con referencia al contexto donde la apliquemos y áreas enlazadas. Su relación con los objetivos para el curso recogidos en la P. Didáctica.	Esquema muy reducido de lo que vamos a hacer. Argumentar su inclusión por ser parte del currículum recogido en la programación de ese grupo y/o ser parte de un Método de Proyecto en toda la Etapa. Relación con los aprendizajes previos y posteriores.
4. Diseño de la tarea integrada. Presentación genérica de lo que queremos hacer.	Breve comentario de lo que vamos a realizar.
B) CONCRECIÓN CURRICULAR: precisar los detalles de los elementos curriculares que vamos a trabajar en la UDI.	
1. El criterio del área sobre el que gira la UDI y otros implicados de las demás.	El criterio del área sobre el que gira la UDI
2. Objetivos de la Etapa y del área o asignatura para la Etapa con los que se relaciona la UDI.	Con qué objetivos de etapa y del área tiene conexión la UDI.
3. Objetivos de otras áreas/asignaturas que tratamos al trabajar la UDI.	Al trabajar los objetivos de la UDI, con qué otros de las demás áreas hay nexos interdisciplinares.
4. Objetivos propios de Andalucía, si procede, relacionados con la UDI.	Al trabajar los objetivos de la UDI, con qué otros a nivel andaluz tienen nexos.
5. Objetivos didácticos. Su relación con los indicadores y las CC. Clave.	Los propósitos más concretos a conseguir, que deben estar vinculados a indicadores y CC. Clave.

TABLA RESUMEN DE LOS CONCEPTOS DE CADA ELEMENTO QUE COMPONE LA UDI	
6. Contenidos. Incluye referencias a los propios de Andalucía, si procede.	La materia a tratar que especifica la O. del 17/03/2015, (Anexo I, vigente por la Instrucción 12/2019 de 27 de junio). Destacar si están relacionados con los contenidos de Andalucía recogidos en el D. 97/2015.
7. Elementos transversales.	Cuáles trabajamos conjuntamente con los anteriores.
8. Competencias Clave que desarrollamos con la UDI.	Citar las CC. Clave que tratamos durante la UDI.
C) TRANSPOSICIÓN DIDÁCTICA: los detalles de las acciones teóricas y prácticas a trabajar, metodología, recursos y procesos cognitivos concretos, además de la atención a la diversidad que vamos a tener en cuenta.	
1. Tarea/s.	Acciones a realizar y que culminan en la realización de un producto social relevante.
2. Actividades.	Acciones para obtener un conocimiento nuevo.
3. Ejercicios.	Acción repetida para adquirir un conocimiento.
4. Atención a la diversidad.	Acciones previstas para dar respuesta a las necesidades de cada uno
5. Actividades finales. P.S.R. o tarea integrada terminada	Ultimar y presentar la tarea, ya convertida en producto terminado (P.S.R.).
6. Temporalización.	Ordenación espacio temporal de las sesiones de la UDI.
7. Procesos cognitivos implicados o tipos de pensamientos que desarrollamos con las actividades.	Modos de pensamiento a usar durante las sesiones de la UDI.
8. Metodología.	Las formas que vamos a optar para enseñar.
9. Agrupamientos.	Distribución del grupo.
10. Contextos o ámbitos y escenarios.	Entornos y espacios a usar.
11. Recursos.	Mediadores a utilizar.

TABLA RESUMEN DE LOS CONCEPTOS DE CADA ELEMENTO QUE COMPONE LA UDI	
D) VALORACIÓN DE LO APRENDIDO: se trata de estimar y reflexionar sobre lo que hemos realizado.	
1. Estándares de aprendizaje evaluables relacionados con los criterios de evaluación y objetivos.	Los que se correspondan con el criterio señalado al principio.
2. Indicadores de logro.	Concreción del estándar. Lo que esperamos alcance el alumno durante la UDI.
3. Rúbricas o Matrices de evaluación para valorar el aprendizaje.	Instrumento de evaluación del alumnado.
4. Criterios de calificación.	Escala de valoraciones.
5. Evaluación de la práctica docente (la acción didáctica).	Yo evalúo mi propio trabajo
6. Evaluación de la UDI.	Evaluación de la UDI por parte del alumnado en sus aspectos más relevantes.
7. Coevaluación grupal.	Un alumno evalúa el aprendizaje del otro, y también del grupo.
E) COLABORACIÓN CON LAS FAMILIAS: la interacción y colaboración previstas.	
1. Procesos de implicación de las familias en el desarrollo de la UDI y comunicación durante el proceso.	Cómo van a participar la familia durante la UDI.
CONCLUSIONES. Comentario a modo de colofón a todo lo anterior.	
FUENTES DOCUMENTALES USADAS Señalar los textos bibliográficos, legislativos y multimedia usados para su elaboración.	

6. EJEMPLO DE UDI – MODELO

A) IDENTIFICACIÓN → TÍTULO DE LA UDI: "No somos de trapo"				
Nº UDI	CICLO	NIVEL	TRIMESTRE	ÁREA
1	1º	2º B	1ª y 2ª quincena septiembre	C. de la Naturaleza

JUSTIFICACIÓN: En esta primera unidad tratamos la temática del cuerpo. Partiendo del conocimiento del propio cuerpo estudiamos sus partes: cabeza, tronco, brazos y piernas, así como las partes del aparato locomotor: huesos, articulaciones y sistema muscular, analizando sus funciones y nombrando los elementos más característicos.

Esta UDI desarrolla todas las Competencias Clave, aunque con mayor significancia la CMCT, CCL y la CD.

Los contenidos pertenecen al Bloque 2: *"El ser humano y la salud"*, siguiendo al Anexo I de la O. 17/03/2015, vigente por la Instrucción 12/2019 de 27 de junio y del RD.126 de 2014. Trataremos también algunos contenidos del Bloque 1: *"Iniciación a la actividad científica"*.

Desarrolla todos los objetivos de la Etapa Primaria, pero fundamentalmente el "h".

La tarea consiste en la realización de un muñeco articulado y, opcionalmente, un tríptico y cartel.

Los campos semánticos esenciales a tratar, son: huesos, músculos, articulaciones, sentidos, salud.

B) CONCRECIÓN CURRICULAR

1. CRITERIOS DE EVALUACIÓN. (Anexo I de la O. 17/03/2015, vigente por la Instrucción 12/2019 de 27 de junio).

C.E.1.1. Obtener información y realizar pequeñas conjeturas sobre hechos y elementos naturales previamente delimitados y realizar sencillos experimentos que faciliten su comprensión, potenciando el trabajo cooperativo y expresando oralmente los resultados obtenidos (CC. de la Naturaleza).

C.E.1.2. Identificar y localizar las principales partes del cuerpo, estableciendo relación con las funciones vitales en las que se ven implicadas, para potenciar hábitos saludables básicos poniendo ejemplos asociados a la higiene, la alimentación equilibrada, el ejercicio físico y el descanso como formas de mantener la salud, el bienestar y el buen funcionamiento del cuerpo (CC. de la Naturaleza).

C.E.1.11. Comprender y utilizar la terminología gramatical y lingüística elemental, en las actividades relacionadas con la producción y comprensión de textos para desarrollar las destrezas y competencias lingüísticas a través del uso de la lengua (LCL).

C.E. 1.1. Identificar y resolver situaciones problemáticas adecuadas a su nivel partiendo de su entorno inmediato, seleccionando las operaciones necesarias, utilizando razonamientos y estrategias (MAT).

C.E.1.6. Crear producciones plásticas reconociendo distintos materiales y técnicas elementales (Ed. Artística).

2. OBJETIVOS DE LA ETAPA Y DEL ÁREA PARA LA ETAPA, RELACIONADOS CON LA UDI:

ETAPA. La UDI conecta con todos los objetivos de la Etapa Primaria, pero fundamentalmente desarrolla el "h": conocer los aspectos fundamentales de las Ciencias de la Naturaleza, las Ciencias Sociales, la Geografía, la Historia y la Cultura (R.D. 126/2014).

ÁREA CC. DE LA NATURALEZA.

O.CN.2. Analizar y seleccionar información acerca de las propiedades elementales de algunas sustancias y sobre hechos y fenómenos del entorno, para establecer diversas hipótesis, comprobando su evolución a través de la planificación y la realización de proyectos y experiencias cotidianas.

O.CN.3. Reconocer y comprender aspectos básicos del funcionamiento del cuerpo humano, estableciendo relación con las posibles consecuencias para la salud individual y colectiva, valorando los beneficios que aporta adquirir hábitos saludables diarios como el ejercicio físico, la higiene personal y la alimentación equilibrada para una mejora en la calidad de vida, mostrando una actitud de aceptación y respeto a las diferencias individuales.

O.CN.6. Participar en grupos de trabajo poniendo en práctica valores y actitudes propias del pensamiento científico, fomentando el espíritu emprendedor, desarrollando la propia sensibilidad y responsabilidad ante las experiencias individuales y colectivas.

(Anexo I de la O. 17/03/2015, vigente por la Instrucción 12/2019 de 27 de junio).

3. OBJETIVOS DE OTRAS ÁREAS/ASIGNATURAS:

O.MAT.2. Emplear el conocimiento matemático para comprender, valorar y reproducir informaciones y mensajes sobre hechos y situaciones de la vida cotidiana, en un ambiente creativo, de investigación y proyectos cooperativos y reconocer su carácter instrumental para otros campos de conocimiento.

O.LCL.1. Utilizar el lenguaje como una herramienta eficaz de expresión, comunicación e interacción facilitando la representación, interpretación y comprensión de la realidad, la construcción y comunicación del conocimiento y la organización y autorregulación del pensamiento, las emociones y la conducta.

O.EA.5. Mantener una actitud de búsqueda personal y colectiva, integrando la percepción, la imaginación, la sensibilidad, la indagación y la reflexión de disfrutar de diferentes producciones artísticas.

(Anexo I de la O. 17/03/2015, vigente por la Instrucción 12/2019 de 27 de junio).

4. OBJETIVOS DE ANDALUCÍA:

La UDI, sobre todo, está relacionada con el objetivo "c": *Desarrollar actitudes críticas y hábitos relacionados con la salud y el consumo responsable* (D. 97/2015).

5. OBJETIVOS DIDÁCTICOS ASOCIADOS A LOS INDICADORES Y LAS CC. CLAVE:

1. Obtener información sobre el cuerpo humano (sus partes, los huesos, las articulaciones los músculos y el aparato respiratorio) y realizar de manera guiada, pequeñas experiencias o experimentos, estableciendo conjeturas respecto de sucesos que ocurren de forma natural o respecto de los que ocurren cuando se provocan. (CN.1.1.1)

2. Manifestar autonomía en la ejecución de acciones y tareas, expresando oralmente los resultados obtenidos y aplicándolos a su vida cotidiana. (CN.1.1.2)

3. Utilizar estrategias para realizar trabajos individuales y cooperativos, respetando las opiniones y el trabajo de los demás, así como los materiales y herramientas empleadas. (CN.1.1.3)

4. Identificar y localizar las principales partes del cuerpo, estableciendo relación con las funciones vitales. (CN.1.2.1)

5. Conocer y respetar las diferencias individuales, aceptando sus posibilidades y limitaciones. (CN.1.2.3)

6. *Identificar emociones y sentimientos propios, de sus compañeros/compañeras y de los adultos, manifestando conductas pacíficas. (CN.1.2.4)* (Anexo I de la O. 17/03/2015, vigente por la Instrucción 12/2019 de 27 de junio).

6. CONTENIDOS:

Bloque 1: "*Iniciación a la actividad científica*"

1.5. Desarrollo de habilidades en el manejo de diferentes fuentes para buscar y seleccionar información.
1.6. Curiosidad por la lectura de textos científicos adecuados para el ciclo.
1.7. Curiosidad por observar, experimentar y extraer conclusiones.
1.8. Curiosidad por utilizar los términos adecuados para expresar oralmente los resultados de los experimentos o experiencias.
1.13. Curiosidad por cooperar con su grupo en igualdad y respeto hacia todos sus componentes. Desarrollo de la empatía.
1.14. Desarrollo de estrategias de diálogo y comunicación eficaz para llegar a consensos, respetando los principios básicos del funcionamiento democrático.

Bloque 2: "*El ser humano y la salud*"

2.1. Identificación de las partes del cuerpo humano y su funcionamiento.
2.2. Identificación de las funciones vitales en el ser humano. La respiración y los órganos de los sentidos.
2.5. Desarrollo del conocimiento de sí mismo y de los demás. Aceptación y no aceptación del propio cuerpo con sus posibilidades y limitaciones.
2.6. Curiosidad por valorar su propia identidad y autonomía personal.
2.7. Desarrollo de la empatía en sus relaciones con los demás. La resolución pacífica de conflictos.
(Anexo I de la O. 17/03/2015, vigente por la Instrucción 12/2019 de 27 de junio).

Contenidos de Andalucía:

La UDI trata el contenido específico de la Comunidad: "b":
El medio natural, la historia, la cultura y otros hechos diferenciadores de nuestra Comunidad para que sean conocidos, valorados y respetados como patrimonio propio, en el marco de la cultura española y universal. (D. 97/2015).

7. ELEMENTOS TRANSVERSALES:

- Coeducación. Favoreceremos el respeto al propio cuerpo y al de los demás, evitando estereotipos que produzcan discriminación sexista.

- TIC. Tratamiento de la información de forma eficaz, crítica y reflexiva, así como la utilización adecuada de las herramientas tecnológicas de la sociedad del conocimiento. (R.D. 126/2014).

- Cultura Andaluza. Conocimiento de los productos de nuestra comunidad, dietas y cultura culinaria de los distintos rincones de Andalucía. (LEA/2007).

8. COMPETENCIAS CLAVE DESARROLLADAS:

La UDI supone una aportación formativa a todas las CC. Clave, pero más significativamente, a:

- CMCT (Competencia Matemática y Competencia Básicas en Ciencia y Tecnología), debido a que, partiendo del conocimiento del cuerpo humano, de la naturaleza y de la interacción con ella, nos permite argumentar racionalmente las consecuencias de los modos de vida y adoptar una disposición hacia una vida física y mental saludable.

- CCL (Competencia en Comunicación Lingüística), ya que empleamos tanto el lenguaje oral como el escrito, siendo importante el vocabulario específico del área

- CD (Competencia Digital), porque el área incluye explícitamente contenidos que conducen a la alfabetización digital. (R.D. 126/2014).

C) TRANSPOSICIÓN DIDÁCTICA

1. TAREA: MUÑECO ARTICULADO. Sub tareas opcionales: TRÍPTICO DESCRIPTIVO / POSTER CIENTÍFICO.

2 y 3. ACTIVIDADES Y EJERCICIOS:

Actividades y Ejercicios Iniciales (graduados en dificultad):

- Lluvia de ideas.
- Proyección de la película: "*Osmosis Jones*"

Actividades y Ejercicios de Desarrollo:

- **Actividad:** lectura textos de la Unidad y previsión de la comprensión lectora. Paratextos icónicos y verbales de anticipación lectora.

- **Ejercicio:** responder a preguntas comprobación lectora: directas, inferenciales y valorativas.

- **Actividad**: actividad interactiva del cuerpo humano en la PDI: lo que vemos y lo que no vemos.
  - **Ejercicio**: responder de forma individual cada cuestión planteada.
- **Actividad**: completar fichas de conocimiento del cuerpo humano por grupos cooperativos utilizando técnica de lápices al centro y folio giratorio que servirán para realizar el tríptico informativo.
  - **Ejercicio**: cumplimentar cada ficha extraída del siguiente enlace: http://cp.machado.fuenlabrada.educa.madrid.org/JUEGOS%20CUERPO%20HUMANO.html
- **Actividad**: construir la pirámide de alimentos y calcular porciones diaria de cada uno.
  - **Ejercicio**: por grupos, se van pegando los nutrientes según su origen, unos se encargarán de pan y cereales, otros de frutas y verduras...
- **Actividad**: construcción del muñeco articulado.
  - **Ejercicio**: por grupos, los alumnos/as irán recortando y poniendo nombre a los distintos huesos del cuerpo humano en la cartulina.
  - **Ejercicio**: organizadores gráficos.

Actividad Complementaria: visionado de la película *"Érase una vez el cuerpo humano"*.

4. ATENCIÓN A LA DIVERSIDAD:

Ampliación o proacción: investigar sobre las roturas de huesos.

Refuerzo o retroacción: actividades en Hot Potatoes y Jclic

Alumno con TDAH: Actividades fragmentadas y trabajo con PT dentro del aula.

5. ACTIVIDADES FINALES Y PRODUCTO SOCIAL RELEVANTE (o tarea integrada terminada):

Trabajar todos los contenidos vistos en la Unidad, de manera interactiva, mediante el siguiente enlace al juego del cuerpo humano:

http://segundodecarlos.blogspot.com.es/2013/09/el-juego-del-cuerpo-humano-musculos-y.html

Puesta en común de los trabajos en grupo para su coevaluación.

Producto Social Relevante:

Muñeco articulado y tríptico explicativo. A lo largo de las sesiones de clase hemos ido elaborando un infograma plasmando la información sobre los contenidos de la Unidad, para exponer al resto de los grupos del ciclo. Ambas tareas quedarán expuestas en el pasillo de entrada al aula y, además, se subirán en la página web del colegio como Tarea(s) de 2º curso.

6. TEMPORALIZACIÓN:

1ª S.: Evaluación inicial. Presentación tarea. Actividades iniciales en grupo-clase.

2ª S.: Actividades de desarrollo. Grupos cooperativos.

3ª S.: Actividades de desarrollo individuales.

4ª S.: Actividades de desarrollo en grupos cooperativos, con uso de App "Pocket Anatomy"

5ª S.: Actividades de desarrollo en grupos cooperativos, con uso de App "X-Anatomy"

6ª S.: Actividades de desarrollo en grupo clase. Juegos de "acertijos" de nombres zonas corporales.

7ª S.: Actividades de evaluación.

8ª S.: Actividades sobre el PSR. Tarea terminada.

7. PROCESOS COGNITIVOS IMPLICADOS O TIPOS DE PENSAMIENTOS QUE SE TRABAJAN CON LAS ACTIVIDADES:

Reflexivo, lógico, deliberativo, práctico y creativo. Por ejemplo, con el tríptico descriptivo desarrollamos el pensamiento analítico.

8. METODOLOGÍA:

La metodología será activa y contextualizada, teniendo como eje fundamental el aprendizaje cooperativo, de forma que, a través de la resolución conjunta de las tareas, los miembros del grupo conozcan las estrategias utilizadas y puedan aplicarlas a situaciones similares. Opcionalmente podemos utilizar herramientas de gamificación con Apps, como Minecraft, Kahoot o Classcraft.

Modelo de enseñanza: modelo cognitivo-constructivista; Indagación científica. Modelo social: aprendizaje cooperativo.

9. AGRUPAMIENTOS:

Fundamentalmente trabajamos el aprendizaje en grupo cooperativo utilizando estrategias de estructura simple. Trabajo individual y grupo clase, para debatir, ponerse en el lugar de la otra persona, consensuar y llegar a acuerdos, favoreciendo procesos de verbalización en los que el alumnado aprenda de los demás compañeros y compañeras la manera de organizar la información, establecer conjeturas y llegar a conclusiones.

10. CONTEXTOS O ÁMBITOS Y ESCENARIOS:

Personal (Trabajo individual). Escolar (aula, biblioteca y salón de actos). Familiar (casa) Sociocomunitario/ambiental.

11. RECURSOS:

- Fichas de huesos, músculos y articulaciones. Pirámide de alimentos.
- Ficha de organizadores gráficos.
- Juego interactivo sobre el cuerpo humano:
http://www3.gobiernodecanarias.org/medusa/eltanquematematico/cuerpohumano/chumano_p.html
- Juego sobre los huesos:
http://www.juntadeandalucia.es/averroes/recursos_informaticos/andared02/los_huesos/
- App ClassDojo, Plataforma Moodle. Hot Potatoes, Jclic, X-Anatomy, Pocket Anatomy, Minecraft, Kahoot y Classcraft
- PDI: Película *"Érase una vez el cuerpo humano"* y *"Ósmosis Jones"*.

D) VALORACIÓN DE LO APRENDIDO

1. ESTÁNDARES DE APRENDIZAJE EVALUABLES RELACIONADOS CON LOS CRITERIOS DE EVALUACIÓN DE CICLO Y OBJETIVOS DE LAS ÁREAS TRATADAS:

C.E.1.1. Obtener información y realizar pequeñas conjeturas sobre hechos y elementos naturales previamente delimitados y realizar sencillos experimentos que faciliten su comprensión, potenciando el trabajo cooperativo y expresando oralmente los resultados obtenidos. (C. N.)

STD.1.1. Busca, selecciona y organiza información concreta y relevante, la analiza, obtiene conclusiones, comunica su experiencia, reflexiona acerca del proceso seguido y lo comunica oralmente y por escrito. (O.C.N.2.)

STD.1.2. Utiliza medios propios de observación. (O.C.N.2.)

STD.1.4. Desarrolla estrategias adecuadas para acceder a la información de los textos de carácter científico. (O.C.N.2)

C.E.1.2. Identificar y localizar las principales partes del cuerpo, estableciendo relación con las funciones vitales en las que se ven implicadas, para potenciar hábitos saludables básicos poniendo ejemplos asociados a la higiene, la alimentación equilibrada, el ejercicio físico y el descanso como formas de mantener la salud, el bienestar y el buen funcionamiento del cuerpo (CN).

STD.7.1. Identifica y describe las principales características de las funciones vitales del ser humano. (O.CN.3)

STD.8.1. Reconoce estilos de vida saludables y sus efectos sobre el cuidado y mantenimiento de los diferentes órganos y aparatos. (O.CN.3.)

STD.8.3. Identifica y adopta hábitos de higiene, cuidado y descanso. (O.CN.3.)

C.E.1.11. Comprender y utilizar la terminología gramatical y lingüística elemental, en las actividades relacionadas con la producción y comprensión de textos para desarrollar las destrezas y competencias lingüísticas a través del uso de la lengua. (LCL)

STD. 32.3. Diferencia familias de palabras. (O.LCL.1.)

STD. 33.4. Reconoce los conectores básicos necesarios que dan cohesión al texto. (O.LCL.1.)

C.E.1.1. Identificar y resolver situaciones problemáticas adecuadas a su nivel, partiendo del entorno inmediato, seleccionando las operaciones necesarias y utilizando razonamientos y estrategias. Apreciar la utilidad de los conocimientos matemáticos que le serán válidos en la resolución de problemas. Expresar verbalmente de forma razonada el proceso seguido en la resolución, adoptando una respuesta coherente y abierta al debate. (MAT.)

STD. 2.5. Identifica e interpreta datos y mensajes de textos numéricos sencillos de la vida cotidiana. (O. MAT.2.)

C.E.1.7. Operar mediante sumas y restas con diferentes medidas obtenidas en los contextos escolar y familiar. (MAT.)

STD. 25.3. Compara y ordena medidas de una misma magnitud. (O.MAT.2.)

C.E. 1.6. Crear producciones plásticas creativas reconociendo distintos materiales y técnicas elementales (EA).

STD. 6.2. Lleva a cabo proyectos en grupo respetando las ideas de los demás y colaborando con las tareas que le hayan sido encomendadas (O.EA.5.)

(Anexo I de la O. 17/03/2015, vigente por la Instrucción 12/2019 de 27 de junio).

2. INDICADORES DE LOGRO:

CN.1.1.1. ; CN.1.1.2. : CN.1.2.1. (Competencia MCT).

(Anexo I de la O. 17/03/2015, vigente por la Instrucción 12/2019 de 27 de junio).

3. RÚBRICA:

CN. 1.1.1.	4	3	2	1
INDICADOR	DESCRIPTOR	DESCRIPTOR	DESCRIPTOR	DESCRIPTOR
Identificar y localizar las principales partes del cuerpo, estableciendo relación con las funciones vitales.	Identifica y localiza las principales partes del cuerpo, estableciendo relación con todas las funciones vitales.	Identifica y localiza las principales partes del cuerpo, estableciendo relación con casi todas las funciones vitales.	Identifica y localiza algunas de las principales partes del cuerpo, estableciendo relación con algunas funciones vitales.	No identifica ni localiza las principales partes del cuerpo, ni establece relación con las funciones vitales.

CUALITATIVOS:
Escala de observación:
- Escala actitudes: Lickert. Rejilla con pautas de coevaluación grupal.
También utilizamos el portfolio, como <u>instrumento</u> de <u>evaluación continua</u> y como motivación hacia la tarea.

4. CRITERIOS DE CALIFICACIÓN: insuficiente, suficiente, bien, notable y sobresaliente.

5. EVALUACIÓN DE LA PRÁCTICA DOCENTE:
Para evaluar el proceso de enseñanza utilizamos: escala de estimación para la autoevaluación del docente y análisis del cuaderno de sesiones de clases.

6. EVALUACIÓN DE LA UDI:
El alumnado cumplimenta un cuestionario valorativo de la UDI.

7. COEVALUACIÓN GRUPAL:
Rejillas de evaluación para Grupos Cooperativos

E) COLABORACIÓN CON LA FAMILIA

Puesta en marcha de la UDI. Actividades en colaboración con las familias: trabajo en casa, como búsqueda de información sobre los tipos y tamaños de huesos, con el uso de las TIC. Tutoría electrónica y comunicación a través de la herramienta PASEN y la App ClassDojo, Moodle.

FUENTES UTILIZADAS:
DRAKE, R.L., et al. (2015). *Gray. Anatomía para estudiantes.* Elsevier. Barcelona.
Recursos web: https://intef.es/

CONCLUSIONES

Los autores hemos volcado en este trabajo todo nuestro conocimiento y experiencia acumulada a través de los muchos años de dedicación a la enseñanza en las etapas Primaria, Secundaria y Universidad.

Hemos pretendido dejar muy claro todos los aspectos y elementos que constituyen las UDI, a partir, entre otros documentos, de lo expuesto por el Programa PICBA, Programa COMBAS y la "guía" que la Consejería de Educación de la Junta de Andalucía proporcionó a los tribunales en las oposiciones de 2015, 2017 y 2019, acerca de la estructura que debían tener las UDI de los opositores.

La propuesta que hacemos de diseño de UDI es la que hemos venido utilizando a lo largo de los últimos años adecuándolas a lo expresado en la legislación nacional y autonómica (Andalucía) actual vigente. Consideramos que cada persona lectora debe adaptarla a sus condiciones contextuales y posibilidades de realización práctica, etc.

Significamos el resumen expuesto al final y que nos permite con una simple mirada recordar todos los puntos y elementos constituyentes de la UDI.

Por otro lado, facilitamos a quienes nos lean el acceso, vía Internet, a portales oficiales y comerciales que contienen información relevante sobre las UDI.

BIBLIOGRAFÍA

BAZARRA, L. y CASANOVA, O. (2016). La escuela ya no es un lugar. Arcix. Madrid.

BLÁNDEZ, J. (2016) Recursos ambientales. En Blázquez (coord.) Métodos de enseñanza en educación física. INDE. Barcelona.

BLÁZQUEZ, D. (coord.) (2016). Métodos de enseñanza en educación física. Enfoques innovadores para la enseñanza de competencias. INDE. Barcelona.

CAÑIZARES, J. Mª y CARBONERO, C. (2018 -1-). Las TIC en la escuela actual: nuevas metodologías en Educación Física. Wanceulen. Sevilla.

CAÑIZARES, J. Mª y CARBONERO, C. (2018 -2-). Cómo exponer las unidades didácticas integradas (UDI) en Educación Física. Wanceulen. Sevilla.

CAÑIZARES, J. Mª y CARBONERO, C. (2018 -3-). Unidades didácticas integradas en Educación Física (UDI). Guía para su realización. Wanceulen. Sevilla.

CAÑIZARES, J. Mª y CARBONERO, C. (2016 -1-). Temario de oposiciones de Educación Física (LOMCE). Acceso al Cuerpo de Maestros. Wanceulen. Sevilla.

CAÑIZARES, J. Mª y CARBONERO, C. (2016 -2-). Enciclopedia de la Educación Física en la edad escolar. Wanceulen. Sevilla.

CAÑIZARES, J. Mª y CARBONERO, C. (2016 -3-). Programación Didáctica (LOMCE) en Educación Física: guía para su realización y defensa. Wanceulen. Sevilla.

CNIIE (2014). Guía para la formación en centros sobre competencias básicas y aplicación digital. MEC. Madrid.

COLL, C. (2007), Las competencias básicas en la educación escolar: algo más que una moda y mucho menos que un remedio.

Aula de Innovación Educativa, 161, 34-39. Editorial Grao. Barcelona.

DEZA, S. y PÉREZ, Mª A. (2017). Modelos de diseño de Unidades Didácticas. D. G. de Innovación. CEJA. Sevilla.

ESCAMILLA, A. (1995). Unidades didácticas: una propuesta de trabajo en el aula. Edelvives. Zaragoza.

GIJÓN, J. y BINABURU, J. A. (2007). Cómo elaborar unidades didácticas en secundaria. Fundación Ecoem. Sevilla.

GONZÁLEZ, A. (2007). Planteamiento globalizado para Educación Primaria. La Bicicleta. Wanceulen. Sevilla

GONZÁLEZ RAMOS, J. y OTROS (1998). Programación curricular y unidades didácticas. Escuela Española. Madrid.

GUARRO, A. y LUENGO, F. (2010), Las competencias básicas: la cultura imprescindible al servicio de todos. Módulo 6 Programa PICBA. CEJA. Sevilla.

JUNTA DE ANDALUCÍA (2007). Ley 17/2007, de 10 de diciembre, de Educación en Andalucía. (L. E. A.) B.O.J.A. nº 252, de 26/12/2007.

JUNTA DE ANDALUCÍA (2008). Orden de 25/07/2008, por la que se regula la atención a la diversidad del alumnado que cursa la educación básica en los centros docentes públicos de Andalucía. BOJA nº 167, de 22 de Agosto.

JUNTA DE ANDALUCÍA (2010). Decreto 328/2010, por el que se aprueba el Reglamento Orgánico de las escuelas infantiles de segundo grado, de los colegios de educación infantil y primaria, de los colegios de educación primaria, y de los centros públicos específicos de educación especial. B.O.J.A. nº 139, de 16/07/2010.

JUNTA DE ANDALUCÍA (2010). Orden de 20 de agosto de 2010, por la que se regula la organización y el funcionamiento de las escuelas infantiles de segundo ciclo, de los colegios de educación infantil y primaria, de los colegios de educación primaria, y de los centros públicos específicos de educación especial, así como el horario de los centros, del alumnado y del profesorado. B.O.J.A. nº 169, de 30/08/2010.

JUNTA DE ANDALUCÍA (2012). Guía sobre buenas prácticas docentes para el desarrollo en el aula de las competencias básicas del alumnado. CEJA. Sevilla.

JUNTA DE ANDALUCÍA (2015). Decreto 97/2015, de 3 de marzo, por el que se establece la ordenación y el currículo de la educación Primaria en la comunidad Autónoma de Andalucía. B.O.J.A. nº 50 de 13/03/2015.

JUNTA DE ANDALUCÍA (2015). Orden de 17 de marzo de 2015, por la que se desarrolla el currículo correspondiente a la educación Primaria en Andalucía. B.O.J.A .nº 60 de 27/03/2015. Orden anulada por el TSJA, y sustituida por la Instrucción 12/2019, de 27 de junio.

JUNTA DE ANDALUCÍA. (2019). Instrucción 12/2019, de 27 de junio, de la Dirección General de Ordenación y Evaluación Educativa, por la que se establecen aspectos de organización y funcionamiento para los centros que imparten Educación Primaria para el curso 2019/2020.

JUNTA DE ANDALUCÍA (2015). Orden de 28 de abril de 2015, por la que se modifica la Orden de 20 de junio de 2011, por la que se adoptan medidas para la promoción de la convivencia en los centros docentes sostenidos con fondos públicos y se regula el derecho de las familias a participar en el proceso educativo de sus hijos e hijas. B.O.J.A. nº 96 de 21/05/2015.

JUNTA DE ANDALUCÍA (2015). Orden de 04 de noviembre de 2015, por la que se establece la ordenación de la evaluación del proceso de aprendizaje del alumnado de educación primaria en la Comunidad Autónoma de Andalucía. B.O.J.A. nº 230, de 26/11/2015.

JUNTA DE ANDALUCÍA (2017). CEJA, D. G. de Participación y Equidad. Instrucciones 08-03-2017. Actualización protocolo alumnado NEAE.

LAGUNA, M. (2013), Crear contextos de aprendizaje en el marco de las bibliotecas escolares. Revista Códices, IX-1. La Salle. Bogotá.

M. E. C. (2006). Ley Orgánica de Educación (L.O.E.) 2/2006, de 3 de mayo, de Educación. B. O. E. nº 106, de 04/05/2006, modificada en determinados artículos por la LOMCE/2013.

M. E. C. (2013). Ley Orgánica 8/2013, de 9 de diciembre, para la mejora de la calidad educativa. (LOMCE). B.O.E. nº 295, de 10/12/2013.

M. E. C. (2014). Real Decreto 126/2014, de 28 de febrero, por el que se establece el currículo básico de la Educación Primaria. B.O.E. nº 52, de 01/03/2014.

M.E.C. (2015). Orden ECD/65/2015, de 21 de enero, por la que se describen las relaciones entre las competencias, los contenidos y los criterios de evaluación de la educación primaria, la educación secundaria obligatoria y el bachillerato. B.O.E. nº 25, de 29/01/2015.

MOYA, J. y LUENGO, F. (2011). Teoría y práctica de las Competencias Básicas. Grao. Barcelona.

MOYA, J. y HORCAJO, F. (2010), La concreción curricular de las competencias básicas: un modelo adaptativo e integrado. Revista CEE Participación Educativa, 15, 127-141. MEC. Madrid.

MOYA, J. y CLAVIJO, M. J. (2010), Aprovechar las oportunidades que ofrece el currículo para aprender competencias básicas. Módulo 7 Programa PICBA. CEJA. Sevilla.

RODRÍGUEZ, J. (2011), Los rincones de trabajo en el desarrollo de competencias básicas. Revista Docencia e Investigación, 21, 105-130. Escuela Universitaria de Toledo.

RODRÍGUEZ GARCÍA, P. L. (2006). Educación Física y salud en Primaria. INDE. Barcelona.

VALERO, A. (2002). El juego en la Educación Primaria. En MORENO, J. A. -coord.- Aprendizaje a través del juego. Aljibe. Archidona (Málaga).

SÁNCHEZ, A. R. (2016). APPS educativas, rúbricas y unidades didácticas integradas: un nuevo universo en las programaciones didácticas. Formación Continuada Logoss. Jaén.

ZAGALAZ, Mª L.; CACHÓN, J.; LARA, A. (2014). Fundamentos de la programación de Educación Física en Primaria. Síntesis. Madrid.

WEBGRAFÍA

- http://www.juntadeandalucia.es/educacion/descargasrecursos/curriculo-primaria/pdf/PDF/textocompleto.pdf
- http://www.juntadeandalucia.es/educacion/portals/delegate/content/90ae9e72-5cdc-498e-a301-ea3d54a1cf60
- http://www.juntadeandalucia.es/averroes/centros-tic/04003721/helvia/sitio/upload/Presentacion_Competencias_Clave_Junio_2015.pdf
- http://www.juntadeandalucia.es/educacion/portals/delegate/content/7529805c-6f6f-4ee4-8f27-13b5df118ef1
- https://www.edu.xunta.gal/centros/cpiatios/aulavirtual2/pluginfile.php/6197/mod_resource/content/0/EXPLICACION_UDI.pdf
- http://www.juntadeandalucia.es/educacion/portals/delegate/content/7529805c-6f6f-4ee4-8f27-13b5df118ef1
- http://comclave.educarex.es/mod/folder/view.php?id=343
- https://sites.google.com/site/72tareascompetenciales/uudd
- http://blogdemariajoserey.blogspot.com/2015/02/udi-unidades-didacticas-integradas.html
- http://www.aulaplaneta.com/2015/06/04/recursos-tic/las-siete-competencias-clave-de-la-lomce-explicadas-en-siete-infografias/
- https://www.educacionyfp.gob.es/educacion/mc/lomce/el-curriculo/curriculo-primaria-eso-bachillerato/competencias-clave/competencias-clave.html
- https://santillana.es/docentes/
- https://www.anayaeducacion.es/
- https://www.edelvives.com/es/proyectos-educativos/primaria
- http://www.educaguia.com/
- https://intef.es

ANEXOS

ANEXO A. ENLACES A WEBS SOBRE LOS TEXTOS LEGISLATIVOS CITADOS EN EL LIBRO.

1.- CRITERIOS DE EVALUACIÓN Y ESTÁNDARES DE LENGUA CASTELLANA Y LITERATURA.

Ver:

http://www.juntadeandalucia.es/educacion/descargasrecursos/curriculo-primaria/pdf/PDF/textocompleto.pdf

2.- CRITERIOS DE EVALUACIÓN Y ESTÁNDARES DE CIENCIAS SOCIALES.

Ver:

http://www.juntadeandalucia.es/educacion/descargasrecursos/curriculo-primaria/pdf/PDF/textocompleto.pdf

3.- CRITERIOS DE EVALUACIÓN Y ESTÁNDARES DE MATEMÁTICAS.

Ver:

http://www.juntadeandalucia.es/educacion/descargasrecursos/curriculo-primaria/pdf/PDF/textocompleto.pdf

4.- CRITERIOS DE EVALUACIÓN Y ESTÁNDARES DE CC. DE LA NATURALEZA.

Ver:

http://www.juntadeandalucia.es/educacion/descargasrecursos/curriculo-primaria/pdf/PDF/textocompleto.pdf

ANEXO B. CARACTERÍSTICAS PSICOBIOLÓGICAS DEL ALUMNADO DE PRIMARIA.

1.- Características del alumnado de Primaria, por Ciclo. (Zagalaz, Cachón y Lara, 2014).

a) Primer ciclo: seis a ocho años.

Son creativos, entusiastas y muy activos desde un punto de vista motor. Tienen gran curiosidad por todo cuanto les rodea y aprenden de lo que tienen más cerca. Llevan a cabo un gran desarrollo de sus ámbitos cognitivo, psicomotor, personal, social y moral. Aumenta su capacidad de trabajo, atención y adquieren el lenguaje.

Motrizmente mejora el control postural o equilibrio y la respiración. La afirmación de su lateralidad es determinante, así como los aspectos coordinativos globales y óculo segmentarios, por mejora en su esquema corporal. Los factores contextuales influye en su comportamiento: voces, falta de concentración, hiperactividad, nerviosismo, etc. Aumenta la fuerza y resistencia de forma natural.

b) Segundo ciclo: ocho a diez años.

Continúa la mejora en sus ámbitos cognitivo, psicomotor, personal, social y moral. Hace acto de presencia la socialización, ayudada por el centro y familia. Empieza a relacionarse con los grupos sociales de su alrededor: barrio, comunidad, participantes en zonas de juegos, interacciones con los demás a través de redes sociales, etc.

Tiene ya conciencia de sí mismo, se cree mayor y se diferencia de los demás. Hace planes de futuro y se interesa por los demás. Es una época de ganancia en peso y estatura, sí como de condición física. La percepción espacial tiene ya gran nivel, por lo que es capaz de mejorar su habilidad en los juegos con móviles.

Necesitan jugar para satisfacer su capacidad de movimiento y de relaciones con los demás.

c) Tercer ciclo: diez a doce años.

Se producen los mayores cambios de desarrollo físico y motor y comienzan los primeros brotes de pubertad, sobre todo en las niñas, que adquieren antes (entre uno y dos años) más masa corporal. Se integran en grupos donde los intereses sexuales van apareciendo, haciendo en muchas ocasiones caso de sus consejos, por lo que debemos estar atentos a los mismos, junto a sus familias, para evitar conductas no deseadas, máxime con la influencia que ejercen los demás a través de las redes sociales.

Se hacen críticos con los adultos merced a los conocimientos que ya tienen. El pensamiento formal se está consolidando y el desarrollo psicomotor consiste en un aumento de la fuerza en ellos y de la flexibilidad en ellas. Los cambios producidos les llevan a establecer comparaciones, por lo que establecerán grupos en función de la apariencia y potencial físico-deportivo. Los factores externos determinarán, en gran parte, los comportamientos de estos pre adolescentes.

2.- Características del alumnado de Primaria -resumen para toda la Etapa-. (Zagalaz, Cachón y Lara, 2014).

El alumnado de Primaria presenta unas características similares para la franja de edad de 6-12 años, si bien las diferencias más significativas son las de tipo físico de la pre adolescencia, alrededor de los 11 años.

* **Desarrollo físico y motor**:

a) buena salud con posibles deficiencias sensoriales y enfermedades contagiosas o derivadas de una alimentación pobre.

b) Desarrollo perceptivo: esquema corporal propio y del compañero. Percepción de la capacidad de rendimiento.

c) Progresos en la interacción espaciotemporal con interpretación del movimiento y de la velocidad.

d) Gran desarrollo de las habilidades motrices: correr, saltar, etc.

e) Interés por la competición.

f) Diferencias moderadas entre sexos.

* **Características cognoscitivas**:

   a) Representación de objetos y acciones mediante signos.
   b) Reducción del animismo e incremento del realismo.
   c) Principio de conservación e identidad.
   d) Autonomía.
   e) Capacidad de resolver problemas concretos en forma lógica.
   f) Creatividad creciente.

* **Habilidades comunicativas**: incremento de recursos de comunicación verbal y no verbal, de posibilidades de comunicación en diferentes contextos, con personas distintas.

* **Características del desarrollo moral**:

   a) Progreso hacia una moral de cooperación: flexibilidad y papel activo en su elaboración (aceptación del grupo).
   b) Cumplimiento de las normas para lograr la aceptación de los demás (aceptación y respeto por otros equipos deportivos).
   c) Dificultad para ponerse en el lugar del otro.

* **Características del desarrollo personal y social**: estabilidad emocional e importancia del grupo de iguales en el desarrollo de las capacidades, en la seguridad afectiva y en la construcción del auto concepto.

www.ingramcontent.com/pod-product-compliance
Lightning Source LLC
Chambersburg PA
CBHW080453170426
43196CB00016B/2784